CANTIGAS DE UMBANDA
E DE CANDOMBLÉ

CANTIGAS DE UMBANDA E DE CANDOMBLÉ

pontos cantados e riscados de orixás, caboclos, pretos-velhos e outras entidades

PALLAS
Rio de Janeiro
2023

Organização de originais
Eneida D. Gaspar

Coordenação editorial
Silvia Rebello

Revisão
Mônica Aggio

Coordenação de produção
Christine Dieguez

Assistente de produção
Aron Balmas

Projeto de capa e miolo, e diagramação
Ilustrarte Design e Produção Editorial

CIP-BRASIL. CATALOGAÇÃO-NA-FONTE
SINDICATO NACIONAL DOS EDITORES DE LIVROS, RJ.

C232
Cantigas de umbanda e de candomblé: pontos cantados e riscados de orixás, caboclos, pretos-velhos e outras entidades. / [Godofredo Leal, ilustrador]. — Rio de Janeiro: Pallas, 2008.

ISBN 978-85-347-0410-6

1. Umbanda. 2. Candomblé. 3. Cultos afro-brasileiros — Cerimônias e práticas.

07-2248 CDD 299.6
CDU 299.6

Pallas Editora e Distribuidora Ltda.
Rua Frederico de Albuquerque, 56 – Higienópolis
CEP 21050-840 – Rio de Janeiro – RJ
Tel./fax: (021) 2270-0186
www.pallaseditora.com.br
pallas@pallaseditora.com.br

PALLAS

SUMÁRIO

TERCEIRA PARTE: A OUTRA BANDA

INTRODUÇÃO

Antes de entregar ao leitor o conteúdo desta obra, achamos necessário fazer algumas observações iniciais. Este livro é o resultado da fusão de seis antigas publicações da Pallas: os livros da Coleção Cantigas, que apresentavam uma vasta coletânea de pontos riscados e cantados da umbanda.

Mantivemos, em linhas gerais, a organização adotada nos livros originais que, para facilitar a consulta, apresentavam as entidades em ordem alfabética. Reorganizamos apenas alguns grupos, como os exus, que foram divididos de acordo com os orixás a que estão subordinados, sempre que esta informação pôde ser obtida. A Ibejada, apresentada originalmente em função do orixá Ibeji, foi individualizada em sua qualidade de Linha da umbanda que reúne os espíritos infantis. Foi também criada uma seção acerca de um grupo de entidades muito importante na umbanda mas que não havia sido abordado na coleção original: a Linha do Oriente, com destaque para o Povo Cigano.

A forma de organização adotada resolve o problema que seria criado se quiséssemos seguir a ordem de apresentação das entidades nos rituais religiosos. Uma vez que existem diferenças entre as seqüências obedecidas por diferentes vertentes das religiões abordadas, não seria justo adotar uma delas em detrimento das outras.

Vale lembrar que, embora o foco da obra seja a liturgia da umbanda, ela é enriquecida com detalhes do culto aos orixás no candomblé — ferramentas simbólicas de cada divindade e cantigas dos candomblés angola e nagô. Entretanto, justamente por falar em especial de umbanda, o livro — como a coleção que lhe deu origem — aborda apenas os orixás mais conhecidos e cultuados nesta religião, deixando de lado os que hoje pertencem apenas (ou quase somente) ao candomblé. Isso não significa, entretanto, que estes sejam considerados menos importantes que os outros; essa medida indica apenas que foi necessário impor limites à obra, já que o tema é praticamente inesgotável.

Outra observação necessária se refere à grafia, nas cantigas de candomblé, das palavras de origem africana. Diversas razões impedem a padronização do texto por uma grafia de raiz européia utilizada na África. Em primeiro lugar, tanto a umbanda quanto o candomblé das diferentes nações utilizam formas arcaicas e transformadas das línguas dos povos bantos e sudaneses vindos para o Brasil; portanto, não se aplicam a elas, necessariamente, as regras ortográficas hoje vigentes nos países africanos, impostas pelos países europeus que os dominaram entre os séculos XV e XX.

Além disso, algumas dessas línguas possuem sons inexistentes no português, que desapareceram no falar brasileiro, tornando injustificado o uso, em cantigas brasileiras, da grafia africana que representa aqueles sons. Finalmente, muitas cantigas, entre as apresentadas nesta obra, misturam termos de origem banta e sudanesa — provenientes, portanto, de línguas regidas por regras ortográficas diferentes. Logo, padronizar o texto pelas regras de uma das línguas significaria escrever de forma errada os outros termos. Para resolver esses problemas, foi decidido padronizar o texto pelas regras ortográficas da língua portuguesa do Brasil, adotando a forma como muitas dessas palavras já são registradas nos bons dicionários brasileiros.

Por fim, convém ressaltar que foram mantidos, nas cantigas, alguns "erros" de grafia que correspondem ao modo como as palavras são pronunciadas em situação coloquial, especialmente quando se faz necessário forçar sua adequação ao ritmo das melodias. A correção desses "erros" tiraria grande parte do sabor das cantigas, além de desrespeitar a forma como elas são transmitidas oralmente no âmbito da prática religiosa.

Para aqueles que não estão familiarizados com a lei da umbanda, cabe fazer uma rápida observação sobre a organização do mundo espiritual que será referida muitas vezes ao longo da obra. Nessa religião, as entidades do *espaço* (o mundo espiritual) seguem uma estrutura bem definida. Os orixás (ou santos), abaixo do poder de Deus, chefiam, cada um, uma Linha, de que existem sete. Cada Linha é dividida em sete Legiões, cada uma chefiada por uma entidade diretamente subordinada ao chefe da Linha. Cada Legião, por sua vez, é dividida em sete Falanges, cada uma das quais reúne um grupo de entidades de natureza semelhante, que geralmente trabalham em cooperação. Cada Falange se divide em sete falanges menores e assim sucessivamente.

Como os guias do espaço se apresentam sob uma forma que possa ser familiar aos fiéis mas que não corresponde necessariamente à sua natureza real, é comum que um determinado nome de caboclo, por exemplo, não se refira a um indivíduo (e muito menos ao seu nome durante a vida terrena) mas a um grupo de espíritos que se apresentam com esse nome para que sejam facilmente reconhecidos. Dessa forma, esses grupos de entidades se multiplicam, abrangendo uma infinidade de espíritos dedicados a cada diferente missão.

PRIMEIRA PARTE

Orixás

Entre os séculos XVI e XIX, muitos milhares de africanos foram trazidos para o Brasil como escravos. Apesar da situação a que estavam submetidos, eles trouxeram e preservaram sua cultura, suas crenças e seu saber. Aqui recriaram suas religiões, sob novas formas.

Os escravos bantos, comerciados em grande quantidade desde o início da ocupação das colônias portuguesas na África, trouxeram seus curandeiros, os chamados mbandas e quimbandas; festejaram seus deuses — os inquices — e reverenciaram seus ancestrais nos candomblés; realizaram seus feitiços e oráculos nas macumbas. Com a abertura típica dos povos africanos em relação ao Outro, ao estrangeiro, conheceram e abraçaram, no Brasil, aspectos das culturas e crenças indígenas e européias. Estabeleceram, em particular, a reverência aos primitivos donos da terra em que agora viviam e a seus patrícios escravizados, incluindo os caboclos e pretos-velhos entre os espíritos protetores da sua religião.

Assim se constituiu o candomblé angola: deuses africanos sincretizados com santos católicos, ritos africanos, oráculos, familiaridade com os espíritos ancestrais e práticas de cura incorporadas aos ritos da religião.

Mais tarde, vieram para o Brasil escravos de outras regiões africanas, em especial povos jejes e iorubás. Esses grupos também recriaram suas religiões, chamadas no Brasil de candomblés jejes e candomblés nagôs. Devido a condições especiais — em particular, à vinda de grupos de representantes da alta hierarquia real e sacerdotal de algumas nações —, o candomblé nagô, concentrado na Bahia, adquiriu rapidamente grande força e coesão interna, tornando-se o modelo, senão dominante, pelo menos mais visível entre as religiões de matriz africana no país. É por isso que hoje, mesmo nas religiões de origem banta, é comum o uso dos nomes dos orixás nagôs na designação das divindades (o próprio termo *orixá* sendo de origem nagô, embora *candomblé* tenha origem banta).

As descrições apresentadas a seguir mostram resumidamente as principais características dos orixás cultuados na umbanda, sem esquecer a comparação com suas características no culto nagô. Como não poderia deixar de ser, tratando-se de uma obra sobre a umbanda, também é destacada a correspondência entre cada orixá e o santo católico a ele associado no Brasil.

Outra observação útil se refere aos pontos riscados e cantados, que formam o coração desta obra. Os caboclos, da mesma forma que os pretos-velhos e os exus, utilizam desenhos mágicos chamados de *pontos riscados*. Estes são absolutamente individuais e ensinados pela própria entidade, servindo como indicador de sua autenticidade e como uma forma de comunicação entre os fiéis e os espíritos encantados.

Os *pontos cantados* são as preces da umbanda. Eles podem ser *de raiz* (ensinados pela própria entidade) ou terrenos (compostos pelos fiéis que integram uma corrente espiritual). Enquanto os pontos terrenos constituem uma homenagem às entidades, os pontos de raiz são sons de poder, que estabelecem uma sintonia com os guias, formando um canal entre eles e os vivos. É por esse motivo que os pontos são cantados em ritmos diferentes, de acordo com a Linha a que estão ligados: o ritmo vibrante de Ogum, os cantos alegres da Ibejada, a suavidade de Iemanjá, os sons graves de Xangô, os sons que lembram a natureza dos pontos de Oxóssi, os místicos de Oxalá, os melancólicos dos Pretos-velhos.

IANSÃ

IANSÃ É O ORIXÁ DOS VENTOS, RAIOS E TEMPORAIS. Controla os espíritos dos mortos, sendo o único orixá que participa dos rituais dos eguns (espíritos ancestrais). Suas ferramentas são: o *eruexim* (chicote feito com um rabo de cavalo), o *obé* (espada) e o *abebé* (leque). Suas cores são: na umbanda, amarelo; no candomblé, vermelho ou coral. Sua saudação é: *Eparrei*!

Dona de temperamento agitado, sensual e autoritário, Iansã é uma das mulheres de Xangô. Grande guerreira, é ela quem o acompanha em suas aventuras. É sincretizada com Santa Bárbara (4 de dezembro) ou Santa Joana d'Arc (30 de maio).

No candomblé nagô, Iansã também recebe o nome de Oiá. No candomblé angola, o inquice correspondente chama-se Maionga.

Na umbanda, também é conhecida como Inhaçã. Nesta religião, Iansã é uma cabocla da Linha de Xangô, e comanda uma Legião de Caboclas ligadas aos ventos e tempestades. Os quatro nomes aparecem em diferentes cantigas.

CANTIGAS DE IANSÃ NA UMBANDA

Lelê lê lê
Lelê lê lê Aruanda ê
Lelê lê lê
Lelê lê lê, Aruanda á.
Eparrei, Aruanda ê
Inhaçã, Aruanda á.

Inhaçã, menina
dos cabelos louros,
onde é sua morada?
Moro na Mina do Ouro.

Tempo que rola tempo,
Tempo que vai rolar,
Tempo que rola tempo,
Inhaçã que vem saravar.

Olha a saia dela,
Olha a saia dela,
Olha a saia dela que o vento leva
Olha a saia dela.

É ventania,
Vento aqui, vento acolá.
Minha mãe Inhaçã,
Rainha deste jacutá.

Ela é uma moça bonita
E é dona deste jacutá (*bis*)
Parrei, parrei, parrei,
Minha mãe de Aruanda,
Segura a gira que eu quero ver. (*bis*)

Santa Bárbara virgem,
Segura meu jacutá.
Saravá Iansã no tempo,
Segura o meu ondá.

A sua espada é de ouro,
A sua saia bem rodada.
Ela vem na ventania,
Santa Bárbara abençoada.

Meu Deus do céu,
Temporal ventou na mata.
Valei-me, minha Santa Bárbara,
Que ventania desacata.

Guirilê, guirilê,
Relampejou.
Pelo cálice, pela hóstia,
Relampejou.

Óia, Oiá,
Que ela é dona do mundo
Óia, Oiá
Que Iansã venceu guerra.

É Iansã
Do relampuê,
É Santa Bárbara
Do relampuá.

CANTIGAS DE IANSÃ NO CANDOMBLÉ

Oiá, Oiá, óia ê
Oiá matamba de cacurucá, ginguê
Oiá, Oiá, óia ê ô
Óia matamba de cacurucá, ginguê ô.

Oiá, Oiá ê óia ê
Inhatopé, óia ê óia ê.
Oiá, óia ê óia ê
Egum Nitá, óia ê óia ê.

Indemburê,
Indemburê mavanjú,
Indemburê mavanjú,
Inquice icô í mavanjú.

Oiá dí vige vige
O tempo é maiongá
Querêmo queu azê
O tempo é perolá.

Sinha vanjú
É sinha vanjú ê
Sinha vanjú
Bamburucena vanjú ê.

Indemburê,
Samba guena maiongo.
Bamburucena,
Samba guena maiongo.

É mona zangue
É monozanguê
Dá milodum

É mona zangue
É monozanguê, aê aê.

Oiá, Oiá
É um aberecô (*bis*)
No airá de Ossâim
No airá de Oiá (*bis*)

Óia matamba,
Ê táta imê
Óia matamba,
Ê táta imê ê (*bis*).
Inhatopé na muinganga
Ê táta imê,
Óia matamba,
Ê táta imê.

Berunjá querê loiá
Berunjá querê loiá,
Oiá, Oiá
Berunjá querê loiá (*bis*)
Oiá, Oiá,
Berunjá querê loiá (*bis*)

IEMANJÁ

Orixá das águas do mar, Iemanjá é esposa de Oxalá e mãe dos outros orixás. No candomblé, também é mãe de Exu, o mensageiro dos deuses. Como Grande Mãe, Iemanjá tem seios volumosos que representam a fecundidade. A Rainha do Mar protege as famílias e todos os que trabalham na água, que é o seu domínio.

Iemanjá governa o Povo das Águas, formado por sereias, ondinas, caboclas do mar e marinheiros. A Linha de Iemanjá é uma das mais poderosas da umbanda. As missões de seus membros incluem proteger mulheres, desmanchar feitiços feitos nas águas e fazer trabalhos de purificação e limpeza espiritual. Os espíritos das águas se dividem em sete Legiões:

- Legião das Caboclas do Mar, chefiada pela Cabocla Indaiá;
- Legião das Caboclas dos Rios, chefiada pela Cabocla Iara;

- Legião de Calunga, chefiada por Calunguinha;
- Legião da Estrela Guia, chefiada por Maria Madalena;
- Legião dos Marinheiros, chefiada por Tarimá;
- Legião das Ondinas, chefiada pela Cabocla Nanã;
- Legião das Sereias, chefiada pela Cabocla Oxum.

Iemanjá é sincretizada com Nossa Senhora da Glória (15 de agosto), das Candeias (2 de fevereiro) ou da Conceição (8 de dezembro). Suas contas são de cristal transparente e sua cor é o azul. Dança imitando o movimento das ondas do mar. Usa um *abebé* (leque) prateado, com os desenhos de uma estrela e um peixe (ou uma sereia). Sua saudação é: *Odô Iá*! Seu nome, no candomblé angola, é Dandalunda. Na umbanda, onde também é chamada pelo nome indígena de Janaína, é freqüentemente representada como uma sereia.

CANTIGAS DE IEMANJÁ NA UMBANDA

Sereia, sereia,
Sereia, como nada no mar. (*bis*)
Sereia, como nada no mar.
Sambaguéla é dona do aiá.

Mãe-d'água, rainha das ondas, sereia do mar,
Mãe-d'água, seu canto é bonito quando tem luar. (*bis*)
Oh, Iemanjá, rainha das ondas, sereia do mar,
Rainha das ondas, sereia do mar.
É tão bonito o canto de Iemanjá,
Que até faz o pescador sonhar;
Quem escuta a Mãe-d'água cantar,
Vai com ela pr'o fundo do mar.

Brilhou, brilhou, brilhou,
Brilhou no mar,

O manto de nossa mãe Iemanjá. (*bis*)
Brilhou, brilhou, brilhou no mar, (*bis*)
Agora vai brilhar neste gongá.

A minha Mãe é Sereia,
Ela é Rainha do Mar. (*bis*)
Sereia, sereia,
Sereia Rainha do Mar (*bis*).

Botei meu barquinho n'água,
Pra ele poder navegar,
Mas pedi licença primeiro
À nossa Mãe Iemanjá.

No fundo do mar tem uma pedra,
Por cima da pedra tem outra,
Por baixo da pedra tem areia,
Quem manda no mar, Sereia.
Quem manda no mar, Sereia.
Quem manda no mar, Sereia.

Minha doce mobé
No ará arô
Iemanjá assobá
No ará arô

Eram duas ventarolas,
Duas ventarolas que ventam no mar
Se uma é de Inhaçã, êparrei,
A outra é de Iemanjá, odociabá.

Iemanjá ô
Olha seus filhos na beira-mar.
Iemanjá ô
Olha seus filhos na beira-mar.

E lá na areia
Quando brilha o luar.
Oh que noite tão linda,
De nossa mãe Iemanjá, Iemanjá cum marô.

Oh, que caminho de espinhos,
Que caminho longo de areia.
Saravá Iemanjá, Nossa Senhora das Candeias,
Que caminho de espinhos,
Que caminho longo de areia.

CANTIGAS DE IEMANJÁ NO CANDOMBLÉ

Ferimã, ferimã,
Ferimã abaizô
Olirá, olirá,
Assobá abaizô.

Micaiá,
Selumbanda querominda
Dí mamãe ê, ê micaiá, selumbanda.
Querominda de mamãe ê, micaiá ê.

Iemanjá assobá,
Sóba mi rerê (*bis*)
Sóba mi rerê, ó dôla
Sóba mi rerê (*bis*)

Micaiá, micaiá,
Micaiá aê,
Selumbanda, querominda
Micaiá aê.

NANÃ

Orixá do lodo e senhora dos mortos, Nanã (também chamada de Nanã Burucú ou Buruquê) é a mais velha de todos os orixás, sendo considerada sua avó. Sua ferramenta é o *ibiri*, uma espécie de cetro feito com um feixe de hastes de folha de dendezeiro, coberto com fita roxa ou azul-escura. Ao dançar no barracão, Nanã embala o ibiri como se fosse um de seus filhos, as almas dos que acabaram de morrer. Por sua ligação com a morte, Nanã tem a sabedoria das feiticeiras e protege os fiéis contra bruxarias.

Sua vestimenta é feita de chitão, onde predomina o roxo (na umbanda) ou o azul-escuro (no candomblé). Seu *azê* (coroa com franja de contas cobrindo o rosto) tem luas e estrelas desenhadas.

Nanã é sincretizada com Santa Ana (26 de julho) e sua saudação é *Saluba, Nanã*. No candomblé angola, o inquice correspondente é Zambarandá.

Na umbanda, Nanã é uma cabocla da Linha de Iemanjá. Ela chefia a Legião das Ondinas, entidades que vivem nos lagos.

CANTIGAS DE NANÃ NA UMBANDA

Atraca, atraca,
Que aí vem Nanã, ê á (*bis*)
É Nanã, é Oxum,
É Sereia do mar, ê á
É Nanã, é Oxum,
Que vem nos saravá, ê á.

Nanã vem das neves,
Ela vem pelas ondas do mar. (*bis*)
Saravá, Oxumaré,
Saravá, a Sereia do Mar,
Saravá, Nanã Buruquê, saluba,
Saravá, Nanã Buruquê, saluba!

Iemanjá é minha mãe,
Saluba, Nanã é minha avó. (*bis*)
Saravá, Nanã Buruquê,
Eu lhe peço, não me deixe só. (*bis*)

Nanã, Santa serena,
Eu lhe peço sua bênção. (*bis*)
Irmã de Nosso Senhor,
Livrai-me da aflição. (*bis*)

Quando Nanã vem à terra,
Filhos pedem, ajoelhados,
Sua missura: Nanã divina,
Não nos deixe abandonados.

Saravá, Nanã,
Sua proteção;
Saravá, Nanã,
Dai-nos sua bênção. (*bis*)

Minha mãe é Nanã,
É o orixá mais velho do céu.
Nanã, ô Nanã Buruquê,
Firma seus filhos
Agora, que eu quero ver.

Senhora Santana,
Dai-nos vossa proteção,
Valei-nos, avó de Aruanda,
Valei-nos com a sua bênção.

Com seu manto consagrado,
Com sua estrela bendita,
Valei-nos, Senhora Nanã,
Livrai-nos das horas aflitas.

No Quarto do Santo
Ouvi Nanã,
Ai, ouvi Nanã.
No Quarto do Santo
Ouvi Nanã,
Ouvi Nanã, minha Mãe, Buruquê.

CANTIGAS DE NANÃ NO CANDOMBLÉ

Nan Burucú que um já ossí
Alodê (*bis*)
Nan Burucú que um já sitó
Alodê (*bis*).

Ô Nanã nanjê,
Nan jê tuna gerê (*bis*)

Ô Nanã Buruquê,
Quí pembê airá
Quí pembê
Aruê, orerê airá
Ô quí pembê.

Acaju coiô,
Eu vi Nanã oiá
Oiá, oiá, oiá,
Eu vi Nanã oiá.

OGUM

Segundo alguns, Ogum é filho de Olorum, o criador supremo; segundo outros, é filho de Oxalá e Iemanjá. Ferreiro dos orixás, Ogum deu aos humanos condições de sobrevivência, fazendo do ferro as ferramentas e armas necessárias para produzir alimentos e defender a aldeia. Seu nome no candomblé angola é Roxemucumbe.

Orixá guerreiro, aventureiro e corajoso, vencedor das lutas e demandas, Ogum é um dos orixás mais solicitados na umbanda ou no candomblé. É saudado com gritos de *Ogunhê* ou *Roxemucumbe, patacorí.*

Ogum é sincretizado, no Sudeste e Sul, com São Jorge (23 de abril) e, no Nordeste, com São Sebastião (20 de janeiro). Usa a cor vermelha nos terreiros de umbanda e o azul forte nas roças de candomblé. Suas ferramentas incluem a espada e o capacete de guerreiro.

Ogum Xoroquê, rei do ouro e da magia, irmão de Exu, usa espada e tridente e é associado a Santo Antônio (13 de junho). Ele tem a propriedade de ser, durante metade do ano, um ogum e, durante a outra metade, um exu.

Na umbanda, Ogum chefia a Linha de Ogum, constituída por espíritos guerreiros que defendem os filhos-de-fé contra lutas e demandas. Esses espíritos se organizam em sete legiões:

- Legião do Povo do Mar, chefiada por Ogum Beira-Mar e relacionada à Linha de Iemanjá;
- Legião do Povo dos Rios, chefiada por Ogum Iara e também relacionada à Linha de Iemanjá;
- Legião do Povo das Matas, chefiada por Ogum Rompe Mato e relacionada à Linha de Oxóssi;
- Legião do Povo Africano, chefiada por Ogum Megê e relacionada à Linha de Quimbanda;
- Legião dos Escravos, chefiada por Ogum Naruê e relacionada à Linha de Oxalá;
- Legião Povo de Exu, chefiada por Ogum Malei e relacionada à Linha de Exu;
- Legião do Povo de Nagô, chefiada por Ogum Nagô e relacionada à Linha de Xangô.

CANTIGAS DE OGUM NA UMBANDA

Oh, que céu tão estrelado,
Oh, que noite tão formosa. (*bis*)
Carruagem tão bonita,
Carruagem tão bonita,
Que Ogum ganhou. (*bis*)

Ouvindo um toque de um clarim na Lua
Era o toque do Major do Dia,
Ogum foi praça de cavalaria,
Foi ordenança da Virgem Maria, Ogunhê.

Laiá lá rá, lará, lará, lará, lalalalalaiá
Laiá lá rá, lará, lará, lará, lalalalalaiá

Ogum, meu Pai,
Se ele é Timbiri,
Timbiriçá, as águas rolam.
De quando em quando
Ele vem lá de Aruanda,
Trazendo pemba
Pra salvar filhos de fé, ô japonês,
Ô japonês, olha as costas do mar, ô japonês,
Olha as costas do mar. (*bis*)

Quando Ogum foi para a guerra,
Ele mandou orar, orar,
Quando ele voltou da guerra,
Ele mandou orar, orar,
Orar, orar, (*bis*)
Orar, orar e vencer. (*bis*)

Tava na beira da praia,
Eu vi Sete Ondas passar. (*bis*)
Abre a porta, gente, que aí vem Ogum,
Com seu cavalo-marinho, ele vem saravá. (*bis*)

Ogum é pai de toda,
É pai de toda lei, tumbá. (*bis*)
Quem quer Ogum Sereia,
Ele dá, ele dá, ele dá (*bis*)
Ogum mariô.
Ogum mariô.
Quem quer Ogum, é de mim chororô.
Quem quer Ogum, é de mim chororô.
Quem quer Ogum, é de mim chororô.

Que cavaleiro é aquele
Que vem cavalgando pelo céu azul?
É Seu Ogum Matinada,
Que é defensor do Cruzeiro do Sul.
Rê, rê rê
Rê, rê rê
Rê, rê rê, seu cangira,
Pisa na umbanda. (*bis*)

Seu cangira tá de ronda
Toda noite, todo o dia,
Seu Ogum com sua espada,
Era quem nos defendia, cangira.
Rê, rê rê
Rê, rê rá
Rê, rê rê, seu cangira
Pisa na umbanda. (*bis*)

Quando Ogum foi para a guerra,
Oxalá deu carta branca
Para Ogum vencer a guerra.
Seus filhos vencem demanda, cangira,
Rê, rê rê
Rê, rê rá
Rê, rê rê, seu cangira,
Pisa na umbanda. (*bis*)

A sua espada brilha no raiar do dia
Seu Beira Mar é filho da Virgem Maria. (*bis*)
Beira Mar, beirando a areia,
Seu Beira Mar é o Santo que nos guia. (*bis*)

Ele é Ogum Matinada
No paranga
Chama no arirê, caindé

Guerreou. (*bis*)
Na sua banda caiu congoma. (*bis*)

Ogum pisa na cangira de umbanda,
Ogunhê,
Ogum pisa na cangira de umbanda,
Ogum Megê.

O homem que fuma e bebe, ô ganga
É Ogum Naruê, ô ganga
Irê, irê irê, ô ganga,
É Ogum Naruê, ô ganga.

Seu Ogum Beira Mar,
Que trouxe do mar? (*bis*)
Quando êle vem,
Beirando a areia,
Na mão direita
Traz o rosário de Mamãe Sereia. (*bis*)

Seu capacete é de ouro,
Sua espada é dourada.
Na ponta da sua lança eu vi
Um laço de fita encarnada.
Ogum Iara, Ogum Megê
Ogum Iara, Ogum Megê.

A sua espada é de ouro,
Sua coroa é de lei. (*bis*)
Ogum é Tata na umbanda
Seu Cangira Munganga, ogunhê.
Ogum é Tata na umbanda
Seu Cangira Munganga, ogunhê.

Eu vi o raiar do dia,
Eu vi estrela brilhar,
Eu vi Seu Rompe Mato,
Ogum das matas vem louvar e trabalhar. (*bis*)

Capacete de ouro,
Espada de prata,
Auê, auê,
Salve Ogum Matinada.

A marola do mar que vem rolando,
Salve Ogum Beira-Mar que vem chegando.

Estrela Dalva brilhou
Iluminando a Aruanda. (*bis*)
Saravá Ogum Iara, saravá Ogum Iara,
Na umbanda vem chegando.

Estrelinha de mamãe Oxum,
Rolando pela linda cachoeira,
Saravá Ogum Sete Espadas, que é meu pai,
Saravá a sua força, saravá sua bandeira.

Eu sou um Rei que não peço licença,
Na sua aldeia quando estou para chegar.
Eu sou um Rei vencedor de batalhas, auê,
Eu sou Ogum Cariri, Rei do Mar.

CANTIGAS DE OGUM NO CANDOMBLÉ

Roxemucumbe
Taramenzó dengue
Góe aê, aê, góe, aê.
Roxemucumbe
Para mandá caiá
Góe aê, aê, góe, aê.

Como sendala senza Roxe,
Camunguerê,
É turamô
Como sendala senza Roxe,
Camunguerê,
Aê Roxe.

Ogum braga daê ê
Ogum braga dá
Ogum braga daê ê
Ogum braga dá.

Ogum oiá
Ogum oiá á di menê. (*bis*)
Patacorí,
Ogum oiá é di menê. (*bis*)

Tabalacime no tabalamê
Tabalacime no tabalamê, aê Roxe,
É no tabalamê, aê Roxe,
É no tabalamê é. (*bis*)

Roxe biolê, biolá
Ê Roxe (*bis*)
Ê no tabalamê, Roxe,
No tabalamê ê.

Roxe bambe ê
Aê Roxe
Roxe bambe é turamo
Aê Roxe.

Como sendala ê Roxe
Como sendala ê Roxe
Como sendala aê
Como sendala aê.

Ogum d'Onirê
Onirê d'Ogum
Dá coroma di lê
Dobalé Olorum.

Donde vem Ogum Marinho,
Donde vem Ogum Marinho?
Vem das ondas,
Veio das ondas do mar,
Vem das ondas.

Ogum já venceu,
Já venceu, já venceu,
Nas guerras e batalhas,
Com Ogum só Deus.

Ogum já venceu,
Já venceu, vencerá
Ogum já venceu
Esta batalha real.

Sou Ogum que venho de longe,
Muito além do Gantois.
Sou Ogum e peço agô onde chego,
Sou Ogum Cariri, Rei do Mar.

Ogum pá, lelê, pá,
Ogum pá mujarê ê
Ogum pá, lelê, pá,
Ogum pá d'Onirê.

Maruô lajá
Ê maruô
Maruô lajá
Ogum di lê.

Salarê,
Ogum d'Onirê doriquetê. (*bis*)
Ogum d'Onirê doriquetê
Dá coroma di lê como lajô.

Ele é maruô, é maruô. (*bis*)
Ogum d'Onirê
Ele é maruô, é maruô. (*bis*)

Ogum, Ogum, Ogum d'Onirê,
Tenha dó de mim.
Aê, aê aê d'Onirê,
Tenha dó de mim.

Ogum ê,
É meu Táta qui malembê
Ogum ê,
É meu Táta qui malembê.

Com a cruz de Deus na frente
Pra vencer e vencerá,
Me ajude a vencer
Esta batalha real.

OSSÂIM

No candomblé, Ossâim é um orixá masculino, o dono da força mágica das ervas. Na umbanda, transformou-se em divindade feminina, deusa das folhas, ervas e plantas em geral, também chamada de Ossanha e sincretizada com a Caipora indígena. É considerada, nesta religião, uma cabocla da Linha de Oxóssi.

Embora seja um orixá mal conhecido na umbanda, Ossâim é um dos principais assentamentos de qualquer roça de candomblé, uma vez que o que mais se manipula nos terreiros são as ervas dos orixás. Seu assentamento é plantado "no tempo" (ao ar livre), sobre o telhado da casa-de-santo. Sua ferramenta, no candomblé, é uma haste de metal com sete pontas, lembrando um galho, com um pássaro na haste central. Na umbanda, seus símbolos são folhas e plantas.

Ossâim é sincretizado com São Benedito (4 de abril). Suas cores são verde e branco ou azul e vermelho. Sua saudação é: *Euê ô!* Em algumas cantigas aparece o nome da divindade angolana correspondente, Catendê.

CANTIGAS DE OSSÂIM NA UMBANDA

Pedrinha rolou no telhado,
Corro logo pra ver quem é. (*bis*)
Deve ser orixá Ossâim,
Meu Deus, vou ver o que quer. (*bis*)

Apanha maracanã, mi tata mirô
Apanha folha por folha, mí tata mirô
Eu sou filho de Ossâim, mi tata mirô
Meu Pai é o Rei das Folhas, tata mirô, tata mirô ô.

Quina erva lá no tempo
Pra fazer o amaci. (*bis*)
Cata folha lá no mato,
Entrega para Ossâim
E pede o que tem pra pedir. (*bis*).

CANTIGAS DE OSSÂIM NO CANDOMBLÉ

Catendê, ê Catendê,
Catendenganga, Catendê
Na Luanda ê.

Catendê, é bibicóia
Catendê, é bibicóia
Que eu amê, ê bibicóia
Que eu amê, ê bibicóia.

Catendê, ê ê Catendê,
Catendenganga, Catendê
Catendenganga, Catendê.

Catendenganga curuzu
Catulá d'Angola turamô
Catendenganga curuzu
Catulá d'Angola turamô.

Catendê qui lá digina,
Na Luandê
Meu catendê, lá digina.

Catendê é meu
Quina erva no oberó
Catendê é meu
Orixá Ossâim á um oló.

OXALÁ

Filho de Olorum, o criador supremo, Oxalá é o pai de todos os orixás. No candomblé angola, corresponde a Lemba, filho de Zambi, o criador supremo. Na umbanda, tem sob seu governo direto as hostes de anjos e santos que atuam como guias e protetores dos mortais.

A ferramenta de Oxalufã, no candomblé, é o *paxorô*, um cajado de metal, com enfeites que representam o mundo que ele governa. Veste uma túnica comprida e usa uma coroa com uma pomba. Oxalufã é sábio e calmo, mas gosta de ser ouvido e obedecido.

A ferramenta de Oxaguiã é o *eninodô* (pilão de socar inhames, sua planta sagrada). Mais jovem que Oxalufã, é um guerreiro. Por isso veste uma túnica curta e usa espada e capacete.

Jovem ou velho, Oxalá se veste todo de branco e usa objetos prateados. Sua saudação é: *Epa Babá*!

Na umbanda, Oxalá é sincretizado com Jesus. Como orixá jovem, chamado Oxaguiã, é Jesus Menino, e sua festa é realizada no Natal (25 de dezembro); como Oxalá velho (Oxalufã), é sincretizado com o Senhor do Bonfim (Jesus crucificado), reverenciado na Sexta-feira da Paixão.

A Linha de Oxalá (ou Linha de Santo) é formada por espíritos de pessoas que foram consideradas santas em sua vida terrena. Sua missão é anular trabalhos de magia, doutrinando os espíritos da Linha de Quimbanda para que passem a praticar o bem. A Linha de Oxalá inclui as legiões de Santo Antonio, São Benedito, Santa Catarina, Santos Cosme e Damião, Santo Expedito, São Francisco e Santa Rita.

CANTIGAS DE OXALÁ NA UMBANDA

Oxalá, meu Pai,
Tem pena de nós, tem dó,
A volta do mundo é grande,
Poder de Zambi é maior.

Oxalá é nosso Pai,
Filho da Virgem Maria. (*bis*)
Valei-nos, Nossa Senhora,
Nossa Senhora da Guia. (*bis*)
Sete anjos nos acompanham,
Sete estrelas nos alumiam. (*bis*)
Valei-nos, Nossa Senhora,
Nossa Senhora da Guia. (*bis*)

Oxalá, Oxalá,
Pelo amor de Deus, Oxalá,
Pelo amor de Deus, Oxalá. (*bis*)

Abre a porta, ô gente,
Que aí vem Jesus,
Ele vem cansado

Com o peso da cruz. (*bis*)
Vem de porta em porta,
Vem de rua em rua,
Vem salvar as almas,
Sem culpa nenhuma. (*bis*)

Estrela que clareia o céu,
Estrela que ilumina este gongá,
Estrela que clareia nossa banda
É a estrela bendita de Oxalá.

Viva a cruz de Cristo,
Viva Deus, Nosso Senhor. (*bis*)
Nos pés de Oxalá eu peço
Vida e saúde, paz e amor. (*bis*)

Meu glorioso São Bento,
Meu Jesus de Nazaré,
Oxalá é nosso Pai,
Valei aos filhos de fé.

Oxalá é nosso Pai,
Criador do mundo inteiro.
Protegei a nossa umbanda,
Iluminai nosso Terreiro.

O branco é cor de Oxalá
O lírio é sua linda flor.
A umbanda, seara de caridade,
Cumprindo sua igualdade,
Em nome de Nosso Senhor. (*bis*)

Jesus nasceu,
Padeceu e morreu, oh umbanda. (*bis*)
Quando Jesus, oh umbanda,
Ressuscitou, oh umbanda,
A passarada, oh umbanda,
O glorificou na Aruanda.

CANTIGAS DE OXALÁ NO CANDOMBLÉ

Odorê, odorê,
Mamanjú d'Oxaguiã
Mamanjú dorí quetê
Mamanjú d'Oxaguiã
Mamanjú dorí quetê.

Ê filá la eu
Ê, ebe um filá
Ê filá la eu, ô
Ê, ebe um filá.

Filá, filá lá lá ô,
Ep, eu eu
Filá, filá lá lá ô. (*bis*)

Elajô um afefé
Elajô um afefé
Ajocô pra Babá
Temí á un colofé. (*bis*)

OXÓSSI

DEUS DAS MATAS E DA CAÇA, OXÓSSI É UM DOS ORIXÁS mais solicitados na umbanda e no candomblé. Nas regiões Sudeste e Sul, é sincretizado com São Sebastião (20 de janeiro), e no Nordeste, com São Jorge (23 de abril). Seu nome banto, usado no candomblé angola, é Mutalambô. Seu apelido, na umbanda, é Rei da Mata.

Sua cor, na umbanda, é verde e, no candomblé, azul-claro. Suas ferramentas são o *damatá* (um arco-e-flecha em uma só peça), que ele empunha em atitude de caçador, e o *iruquerê* (chicote feito de rabo de boi). Sua saudação é: *Oquê arô*!

Oxóssi é o caçador que fornece alimento e protege a aldeia. Por isso, na umbanda, é associado às catástrofes naturais ou causadas pelos humanos: a peste, a fome e a guerra. Oxóssi é um grande protetor, mas castiga duramente aqueles que o desrespeitam.

Na umbanda, a Linha de Oxóssi é constituída pelo Povo da Mata, formado pelos caboclos de pena (índios) e boiadeiros. Esses espíritos fazem curas utilizando seu conhecimento sobre ervas e seu poder espiritual em passes e defumações, além de doutrinar os espíritos em desenvolvimento. A Linha é formada pelas Legiões de Araribóia, Cabocla Jurema, Caboclo das Sete Encruzilhadas, Guaranis (chefiada pelo caboclo Araúna), Peles Vermelhas (chefiada pelo caboclo Águia Branca), Tamoios (chefiada pelo caboclo Grajaúna) e Urubatão.

CANTIGAS DE OXÓSSI NA UMBANDA

A mata estava escura,
Lindo luar que clareou,
Então ouvi a forte voz do Senhor,
Que Seu Oxóssi aqui chegou.
Ele é um rei, é um rei, é um rei,
Mas ele é rei na Aruanda, é um rei. (*bis*)

Oxóssi é rei no céu,
Oxóssi é rei na terra,
Ele não desce do céu sem coroa,
Nem sem a sua munanga de guerra. (*bis*)

Oxóssi é meu pai,
Oxóssi é meu guia.
Quando ele chega na umbanda,
Traz a paz da Aruanda,
Muita luz ele irradia. (*bis*)

Oxóssi assoviou na mata,
Ogum bradou no Humaitá. (*bis*)
Filhos de umbanda louvaram:
Saravá, Oxóssi, saravá. (*bis*)

Assovia, assovia,
Ele assoviou. (*bis*)
Cadê seu Oxóssi na mata,
Que ainda não chegou? (*bis*)

Oxóssi é Capitão de Marambaia,
Oxóssi é Capitão de Marambaia,
Oxóssi é Capitão de Marambaia,
Mas ele é Seu Oxóssi d'Arucaia.

Oxóssi é bambi,
Ele é caçador,
Oxóssi é bambi o clime,
Ê Rei Mutalambô.

Atira, atira,
Ele atirou,
No bambá ele vai atirar. (*bis*)
Veado no mato é corredor,
Oxóssi na mata é caçador. (*bis*)

Correu terra, correu mar,
Até que chegou lá no seu país. (*bis*)
Ora viva, Oxóssi lá na mata,
Que a folha da mangueira inda não caiu. (*bis*)

Eu vi chover, eu vi relampejar,
Mas mesmo assim o céu estava azul. (*bis*)
Firma seu ponto na folha da Jurema,
Que Oxóssi é bambe no alaquajú. (*bis*)

O vento na mata zuniu,
Folha seca balanceou,
Saravá Oxóssi nessa banda, saravá,
Ele vem com Deus Nosso Senhor.

Banda é, banda é,
Oxóssi é Rei da Mata,
Banda é, banda é
Oxóssi é Rei da Guiné. (*bis*)

A lua nasce por detrás da serra,
Hoje é dia de festa na Vila Nova.
Oxóssi é, Oxóssi é,
Oxóssi é, ele é rei da Guiné. (*bis*)

Oxóssi é caçador real,
Das matas é dono e protetor.
Quando ele vem na nossa umbanda, auê,
Ele é rei, é um rei, ele é senhor.

A folha de Oxóssi cauiza dendê,
Onde está o Rei da Mata que não quer descer.

Oxóssi está no mussambê
Oxóssi está no mussambê
Na cidade da Jurema,
Oxóssi está no mussambê
Está no mussambê, está no arirê (*bis*)

Oxóssi assobiou
Lá no Humaitá. (*bis*)
Ogum venceu demandas,
Companheiro de Oxalá. (*bis*)

Caça na Luanda,
É coroa,
Oxóssi é caçador,
É coroa.

Oxóssi mora na Lua,
Só vem ao mundo para clarear. (*bis*)
Queria ver um Oxóssi,
Para com ele eu falar. (*bis*)

Eu vi a Lua,
Eu vi a Lua,
Eu vi a Lua e falei com ela;
Eu vi a Lua,
Eu vi a Lua,
Mutalambô mora dentro dela.

Eu tenho meu Pai, eu tenho,
E tenho um beija-flor,
Eu tenho meu Pai, eu tenho,
Sou de Oxóssi Mutalambô.

CANTIGAS DE OXÓSSI NO CANDOMBLÉ

Adeu cutála ginguê
Óia ginguê ó (*bis*)
Mina auiza cutála caiza curá
Aiá, aiá, aiá.
Adeu cutála ginguê
Adeu cutála ginguê
Óia ginguê, ó
Qui me fareuá, qui me fareuá,
Mina auiza cutála caiza curá
Aiá, aiá, aiá.

Salaré, Odé orerê
Loquê.
Odé mi salerôco
Ode como faquerã.

Cambila tem pai,
Tem sim senhor.
Cambila tem mãe,
Tem sim senhor.

Cambila uá uá uá
É cambila,
Cambila uá uá uá
É cambila.

Cambila é meu,
Cambilá
Oxóssi é meu,
Quilondirá.

Odé muchauerá
Agô Lelê
Odé muchauerá
Agô donã.

Farolodé fibô
Odé fibô
Farolamolodé
Abacoché.

É Lua Branca leluá
Odé Queboangí
É Lua Branca leluá
Odé Queboangí.

Cambila qui uáza sala mucurê, orirê
Um táta comóla na Luanda aê,
Mamãe cambilá.
Ai, na Luanda aê, orirê,
Cambila qui uáza sála mucurê
Mamãe gimbeuá. (*bis*)

Bambea Mina, tauá,
Bambea Mina, tauamí,
Bambe ê e ê, Bambea Mina tauá (*bis*)
Oxóssi é Mutalambô
Auê, tauamí,
Mina auiza cangira muncanga enganga, motumbá,
Tauamí aê, tauamí auá! (*bis*)

Oxóssi é tála no mussambê,
Oxóssi é tála no arirê (*bis*)

Lomáta Quilondirá
Oxóssi é Mutalambô.
Aê, aê,
Lomáta Quilondirá (*bis*)

Aruê, caçador,
Cabaranguange matô sumaé
Tauamí.
Aruê, caçador,
Cabaranguange matô sumaé
Tauamí.

OXUM

OXUM, UMA DAS ESPOSAS DE XANGÔ, É O ORIXÁ DAS ÁGUAS doces, da faceirice, do sentimentalismo, do ouro e das pedras preciosas. No candomblé, dança com o *abebé*, leque de cobre enfeitado, tendo no centro um espelho, onde se mira e finge pentear-se. Sua cor, no candomblé, é amarelo-ouro; na umbanda é o azul-claro. Sua saudação é: *Ai iê ieu*. Seu nome no candomblé angola é Quissimbi.

Oxum é sincretizada com Nossa Senhora da Conceição (8 de dezembro). Por isso, embora no candomblé tenha um aspecto bastante jovial, na umbanda tem mais jeito de senhora, e é tratada com muita reverência. Nesta religião, ela é uma cabocla que chefia uma da legiões da Linha de Iemanjá, a que reúne caboclas que vivem nas cachoeiras.

CANTIGAS DE OXUM NA UMBANDA

Eu vi Mamãe Oxum na cachoeira,
Eu vi Mamãe Oxum na cachoeira,
Colhendo lírio, lírio ê,
Colhendo lírio, lírio á,
Colhendo lírio pra enfeitar este gongá. (*bis*)

Mamãe Oxum, olha eu,
Mamãe Oxum é guia meu. (*bis*)

Mamãe Sinda, olha umbanda,
Vem saravar o endá,
Mamãe Sinda, olha umbanda,
Saravá este abaçá.

Sinda Mamãe, ô sindê,
Mamãe Sinda da cobra-coral,
Sinda Mamãe, ô sindê
Ela é Sinda da cobra-coral. (*bis*)

Brilhou no céu uma estrela,
Era uma estrela azul. (*bis*)
Vinha do manto sagrado, oi saravá,
Bendito, de Mamãe Oxum.

Com seu manto bordado de ouro,
Diadema cheio de estrelas,
Saravá, nossa Mãe Suprema, saravá,
Saravá Oxum, dona da cachoeira.

Ai iê ieu,
Ai iê ieu Mamãe Oxum
Ai iê ieu Mamãe Oxum
Mamãe Oxum que é nossa mãe.

Estrela que ilumina o céu,
Estrela que clareia a cachoeira,
Saravá Mamãe Oxum, oi saravá,
Protegei-me por esta vida inteira.

Ora ai ieieu,
Mamãe citada na umbanda,
Ora ai ieieu,
Proteção da Aruanda.

CANTIGAS DE OXUM NO CANDOMBLÉ

Aie ieu,
Alodô iá ô (*bis*)
Alodô iá ô,
Onde moiá ieieu
Alodó iá ô,
Onde moiá ieieu.

Ieieu,
Nhenhé um xorodô (*bis*)
É man feriman,
Nhené um xorodô
É man feriman,
Nhenhé um xorodô ô.

Coromí má
Coromí maió
Coromí maió
Abadôra ieieu.

Adabaô um bofé
Fé loriô
Adabaô um bofé
Ofé loriô.

Tambá,
Tamba mona mêta, comira quinã,
Tamba ô
Tamba mona mêta, comira quinã.

OXUMARÉ

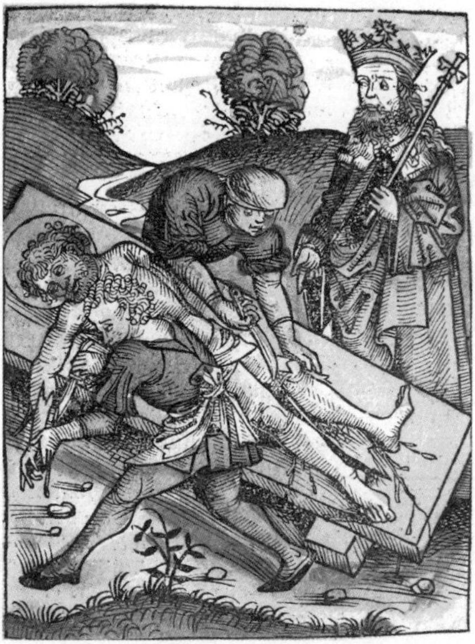

OXUMARÉ, OU BESSÉM, É FILHO DE NANÃ. TEM A FACULDADE de ser, durante seis meses do ano, um orixá masculino, sob a forma de uma serpente que se arrasta pela terra. Nos seis meses restantes, torna-se uma mulher e vive no céu como a ninfa do arco-íris. No candomblé angola seu nome é Angoroméa.

Oxumaré é o orixá da fertilidade, da riqueza e da sorte. Como é um orixá duplo, todos os seus objetos têm que ser feitos aos pares: as pulseiras, os colares etc. Seu símbolo é um par de serpentes entrelaçadas, feitas em metal prateado. Suas cores são verde e amarelo combinados; usa também todas as cores do arco-íris. Sua saudação é: *Arô boboi*!

Oxumaré é sincretizado com São Bartolomeu (24 de agosto). Na umbanda, confunde-se com a orixá Oxum, e seu nome é freqüentemente entendido como Oxum Maré, uma cabocla da Legião de Oxum; por isso, não é comum encontrar cantigas de umbanda específicas para ele, e as poucas existentes mostram essa mistura de entidades.

CANTIGAS DE OXUMARÉ NO CANDOMBLÉ

Oxumaré dandalaô,
Ela se chama jó (*bis*)
É no alá, no alá
No alá, no alá, (*bis*)
No alá, no alá.

Na beira do rio ê,
Na beira do rio á,
Na beira do rio ê,
Dandalunda.

Oxumaré dandalunda cecé
Oxumaré dandalunda cecé
Oxumaré dandalunda cecé, lejá
Oxumaré dandalunda cecé, lejá.

Oxumaré adeô
Oxumaré
Oxumaré adeô
Oiabá onidê.

Dandalunda maribanda coquê,
Dandalunda micaiá coquê,
Dandalunda micaiá coquê á.

XANGÔ

XANGÔ É O ORIXÁ DO TROVÃO, DOS RAIOS E METEORITOS. Na África, foi um dos reis lendários da cidade de Oió, um dos berços da tradição nagô. É um grande governante, que exerce autoridade e, principalmente, distribui justiça, castigando os culpados e protegendo os inocentes e as vítimas. Por isso, na umbanda, é denominado o Advogado dos Pobres.

Xangô recebe vários nomes: Aganju, Alafim, Jacutá, Agodô, Airá etc. Por isso, é sincretizado com diversos santos católicos, como São Jerônimo (30 de setembro), São João Batista (24 de junho), São José (19 de março) e São Judas Tadeu (28 de outubro).

A ferramenta de Xangô é o *oxé*, um machado de duas lâminas, muitas vezes com raios desenhados na parte mais larga de cada uma delas. No candomblé as suas cores são branco e vermelho combinados e, na umbanda, marrom. O meteorito (pedra do raio) é o seu fetiche mas, como é raro, costuma ser substituído por uma pedra preta. Sua moradia é a pedreira. Sua saudação é: *Caô cabiecilê*! Suas cantigas falam muito de *zaze*, que significa *raio* em banto, e é o seu nome no candomblé angola.

A Linha de Xangô é constituída por caboclos que vivem nas pedreiras, relacionam-se com o fogo e atuam realizando justiça. É formada pelas Legiões de:

- Iansã;
- Caboclos das Cachoeiras (chefiada pelo Caboclo Cachoeirinha);
- Caboclo do Sol e da Lua;
- Caboclo Pedra Branca;
- Pretos Velhos (chefiada por Quenguelê);
- Caboclo Treme Terra;
- Caboclos do Vento (chefiada pelo Caboclo Ventania).

CANTIGAS DE XANGÔ NA UMBANDA

Meu Pai Xangô, olhe seus filhos,
Que eu também sou filho seu. (*bis*)
Seu Agodô, Iemanjá sobá, Iemanjá sobá,
Seu Aganjú, Iemanjá sobá, Iemanjá sobá.

Dizem que Xangô mora na pedreira,
Mas não é lá sua morada verdadeira.
Ele mora na Aruanda, numa cidade de luz,
Onde moram Oxumaré e Jesus. (*bis*)

Xangô mora na pedreira
Onde canta o rouxinol, (*bis*)
Sua pedreira é tão linda,
Pai Oxalá abençoou;
Toda coberta de estrelas,
Saravá meu Pai Xangô.

Pega no seu livro e vai lendo,
Pega na pena, vai escrever. (*bis*)
Xangô, Xangô,
Saravá umbanda, seu Alafim, seu Agodô. (*bis*)

No alto daquela pedreira,
Tem um livro que é de Xangô. (*bis*)
Xangô, Caô,
Caô Cabiecile. (*bis*)

Que pedreira tão alta,
Quanto limo criou. (*bis*)
Não me role a pedra,
Que a morada é de Xangô.

Xangô já biribô na aldeia,
Xangô já biribô na aldeia.
Xangô Menino biribô na aldeia,
Xangô já biribô na aldeia.
Ô munhanha, ô munhanha,
Ô cauiza. (*bis*)

O Gino, olha sua banda,
O Gino, olha seu gongá, (*bis*)
Onde o rouxinol cantava,
Onde Xangô morava.
Ele é Gino da Cobra Coral,
Ele é Gino da Cobra Coral, (*bis*)
Ele é Gino da Cobra Coral, Caô.

Quem rola pedra na pedreira é Xangô,
Quem rola pedra na pedreira é Xangô,
Xangô do acarajé,
Do acarajé. (*bis*)

Ele é Xangô das Almas,
Ele é feito nas Almas, (*bis*)
Almas, ô minhas Almas, (*bis*)
Seu Agodô, que venha me valer.

Quem mora na pedreira é Xangô,
Senhor do meu destino até o fim.
Se um dia me faltar a fé no meu Senhor,
Que caia esta pedreira sobre mim.

Na pedreira da mata virgem,
Onde mora meu Pai Xangô,
A água rolou, Nanã Buruquê,
Pedra rolou, saravá, Pai Xangô.

Machadinha do cabo de ouro,
É de ouro, é de ouro.
Machadinha que corta mironga,
É a machada de Xangô. (*bis*)

Eram dez horas
Quando o sino tocou
Na marambaia,
Cidade da jurema,
Eram dez horas
Quando o sino tocou.
Com licença de Zambi,
Saravá, Pai Xangô.

CANTIGAS DE XANGÔ NO CANDOMBLÉ

Ô Zaze ê,
Ô Zaze á,
Zaze ê, maiongolé
Maiongolá.

Zaze quí nambô
Aê aê, cum lá Zazí
Zaze quí nambô
Aê, aê, cum lá Zazí.
Ele é rei dos astros,
O seu nome é São Jerônimo.
Ele é rei do trovão,
Mas o seu nome é Xangô Leuí
Ô Leuí, Leuí, Leuí,
Ele é Xangô Leuí. (*bis*)

Zaze que vem d'Angola,
Xangô de maracaiá.
Zaze cura amací
Zaze que vem d'Angola.

Cum bela Zaze
Qui banda Angolê,
Catêto cum banda. (*bis*)

Xangô é de bá é de baê,
Seu Airá é de bá é de baê.
Xangô é de bá é de baê,
Xangô Menino é de bá é de baê.

SEGUNDA PARTE

Povos da umbanda

BOIADEIROS

— *Xetro marrumbaxetro!*

Ao soar esta saudação, o clima dos candomblés de caboclo e dos terreiros de umbanda é renovado com a chegada do Caboclo Boiadeiro. Andar jogado, calça arregaçada, fisionomia sempre alegre, mexendo com todos, assim pontifica nas casas-de-santo aquele que "anima o samba".

Grande poeta, Boiadeiro não perde oportunidade de mostrar do que é capaz na formação de versos, mais conhecidos por *sotaques*. Qualquer que seja o tema, após fazer seu *ilá* (brado) de saudação aos lugares devidos na roça ou no terreiro, o Caboclo Boiadeiro faz seu desafio ao alabê e aos ogãs para que o acompanhem, por vezes disputando um charuto ou uma garrafa de cerveja branca, sua bebida predileta, após a jurema e o aluá. Torna-se desnecessário dizer-se que o Caboclo sempre ganha, pois é de pasmar a capacidade que tem em improvisar, não perdendo a última palavra da frase que foi dita.

Embora pareça sempre brincalhão e despreocupado, é um Caboclo muito trabalhador e adora tomar conta de uma demanda. No candomblé, essencialmente na nação angola, é um Caboclo Xoroquê, isto é, metade caboclo e metade exu, característica que o torna mais arrojado na forma de resolver os casos que lhe são entregues.

Cabe aqui uma explicação para diferençar os caboclos Boiadeiros na umbanda e no candomblé. Quando um Caboclo Boiadeiro pontifica em terreiros de umbanda, o seu comportamento é bem semelhante ao dos caboclos de penas. Até mesmo as cantigas dos Boiadeiros são mais ou menos semelhantes, em sua estrutura e musicalidade, aos pontos desses caboclos.

Já nas roças de candomblé, quando se faz o toque para o Caboclo Boiadeiro (Sambangola), a coisa toma, respeitosamente, um cunho de Escola de Samba, sendo que os Boiadeiros demonstram o quanto são bons sambistas, formando mesmo a roda para "tirar sotaque e mostrar o pé", ou seja: faz-se uma roda de iaôs com o Boiadeiro no centro e este inicia sua cantiga, geralmente um refrão curto, em que o Caboclo tira o primeiro verso que mexerá com os ogãs ou com qualquer outro presente. Então, quem foi alvo deverá aproveitar a última palavra do verso tirado pelo Boiadeiro e fazer outra quadra, transferindo a brincadeira para um terceiro, e assim por diante. No decorrer da cantiga, o Caboclo mostra a sua habilidade em intrincados passos, cheios de surpresas e agilidade, tirando uma das pessoas presentes à roda para continuar as evoluções.

Como os Boiadeiros vêm na Linha da Jurema (relacionada com o catimbó), suas cantigas apresentam muitas referências aos reinos míticos do mundo encantado do Juremal, como Aldeia Nova, Hungria, Águas Claras, Lajedo e Jequiriçá.

PONTOS DE LOUVAÇÃO

Deus lhe salve, Casa Santa,
Luará, ê,
Onde Deus fêz a morada,
Luará, ê,
Onde mora o cálice bento,
Luará, ê,
E a hóstia consagrada,
Luará, ê.

Bendito louvado seja,
Por Deus sempre seja louvado,
Bendito e louvado seja,
Seja Deus abençoado.
Esta Casa tem quatro cantos,
Cada canto tem um Santo.
Bendito e louvado seja,
O Divino Espírito Santo.

Bandeira Branca trago do Pai Forte,
Trago no peito uma Estrela brilhante,
Deus te salve tua Casa Santa,
E salve tua espada de guerreiro.
Estrela D'Alva quem guiou meus passos,
Foi quem me trouxe neste abaçá.
Obaluaê que é dono da peste,
Dona do tempo é minha Mãe Oiá.

Eu vim a pé da minha Aldeia Nova, camarada,
E eu passei lá na juremeira. (*bis*)
Eu vim louvar esta Casa Santa de Oxalá,
Eu vim louvar a sua bandeira. (*bis*)

Quando nesta Casa entrei,
Eu louvei Maria,
Eu louvei seu santo nome,
E louvei a luz do dia.
Quando nesta Casa entrei,
Eu louvei a cumieira,
Louvei o ogã da Casa,
Louvei a família inteira.

Louvei, louvei,
Bendito seja louvado.
Louvei, louvei,
Seja Deus sempre a meu lado. (*bis*)

PONTOS DE CHAMADA

Quem vem lá, é ele,
Quem vem lá, é ele,
No bater da cancela,
Seu Boiadeiro, é ele.

Seu Boiadeiro, sou eu quem lhe chama,
Vem atender meu chamado,
Seu Boiadeiro, sou eu quem lhe chama,
Tu és o meu advogado.
Segura o couro, ogã,
Bendito seja louvado,
Segura a cantiga, mona,
Aí vem meu advogado.

Passeando no sertão,
A cavalo ou mesmo a pé,
Me chamaram numa Casa,
Vou correndo ver quem é.

PONTOS DE FIRMEZA

Ogã, segura a cantiga,
Caboclo bom vem aí,
Sambangola vai começar,
Caboclo é de lalaí.
Lalaí, lalaí,
Caboclo é de lalaí. (*bis*)

Eu vim de muito longe,
Do alto do Chapadão,
Com meu laço cru aqui do lado,
Chapéu de couro na mão.
Ai, ai, ai, ai,
Chapéu de couro na mão. (*bis*)

PONTOS DIVERSOS

Sou brasileiro, brasileiro. (*bis*)
Sou brasileiro e imperador,
Mas eu sou filho do Brasil,
Sou brasileiro, o que é que eu sou. (*bis*)
Meu pai é brasileiro, minha mãe é brasileira, (*bis*)
Brasileiro, imperador,
Eu sou brasileiro (côro)
Eu sou filho do Brasil,
Eu sou brasileiro, (côro)
Brasileiro é o que eu sou,
Eu sou brasileiro (côro)

E lá em Roma
Tem uma igreja, (*bis*)
Dentro dela
Tem orador, (*bis*)

E tem um anjo
De braços abertos, (*bis*)
E esse anjo
É Nosso Senhor. (*bis*)
A artilharia
Já salvou (*bis*)
Lá na Limeira,
Deu sinal, (*bis*)
Senhora Dona
Iemanjá. (*bis*)
Não deixe esta Casa virar,
Não deixe esta Casa virar.

O lírio é uma flor
Que nasceu na beira d'água,
Nasceu na beira d'água
E nas águas se criou. (*bis*)

Ele é Caboclo,
É rei nas ervas. (*bis*)
Pai, Filho, Espírito Santo,
Nas horas de Deus, amém,
É filho do Pai Eterno,
Ele é Caboclo.

Virgem Maria,
Mãe de Jesus, (*bis*)
Madalena postada
Aos pés da cruz. (*bis*)

O lalaí, ô lalaí, ô lá ilá
O lalaí, ô lalaí, ô lá ilá
Ô laí, ê lá ilá
Ô laí, ê lá ilá
Ô laí, ô lá ilá.

Quem samba fica,
Quem não samba vai embora, (*bis*)
O toque é pra Boiadeiro,
Vai começar o Sambangola. (*bis*)

O samba é bom,
Batido na mão. (*bis*)

Quando a maré vazar,
Vou ver Juliana,
Vou ver Juliana,
Vou ver Juliana. (*bis*)

Oh, meu patrão,
Por favor prende seu gado,
Quem julga réu é jurado,
Missa de padre é latim,
Moço que estuda é letrado,
Me mandaram pra Bahia por causa da namorada.
Olô pandeiro, olô viola,
Olô pandeiro, olô viola.

Samba quente, rolete de cana.
Samba quente, rolete de cana.
Não bagunce este samba,
Muita gente se engana. (*bis*)

Vou embora pro sertão,
Viola, meu bem, violá. (coro)
Eu aqui não passo bem,
Viola, meu bem, violá. (coro)
Sou empregado da Leste,
E maquinista do trem,
Vou embora pro sertão,
Eu aqui não passo bem,

Ô viola, meu bem violá,
Ô viola, meu bem, violá. (*bis*)

A mocinha do sobrado
Mandou me chamar pelo seu criado (*bis*)
Eu mandei dizer pra ela que tô
Vaquejando o meu gado. (*bis*)
Olô, Boiadeiro,
Ele gosta do samba rasgado,
Olô, Boiadeiro,
Ele gosta do samba enfezado. (*bis*)

Menina bela,
Por que tu tanto me olha,
Se você não me conhece,
Por que então não me namora?

Sindolelê, ê cauiza,
Sindolelê, ele é sangue real,
Se ele é filho, eu sou neto da Aruanda,
Sindolelê, ê cauiza. (*bis*)
Cauiza é um Rei
É orixá, (*bis*)
Cauiza é um Rei
É orixá.

Bandolê, olê, olê,
Bandolê, olê, olá,
Bandolê, meu Caboclo Boiadeiro,
Bandolê, olê, olá. (*bis*)
Da laranja quero um gomo,
Do limão quero um pedaço,
De Olorum eu quero a bênção,
De Boiadeiro um grande abraço.

Aqui dentro desta aldeia,
Mora um Caboclo e ele é real. (*bis*)
Ele não mora longe,
Mora aqui mesmo neste canzuá. (*bis*)

Lá na Hungria, lá na Hungria,
Lá na Hungria seu palácio é real.
Lá na Hungria, lá na Hungria,
Na Hungria Boiadeiro é real. (*bis*)

Ele vem de tão longe,
Vem do seu Chapadão,
Ele lá deixou pai, ele lá deixou mãe,
Mas encontrou por aqui
Uns amigos leais.
Ai, ai, uns amigos leais.
Ai, ai, uns amigos leais.

A minha cabacinha
Que eu trouxe lá da aldeia,
Se não me der um mel,
Eu não fico em terra alheia.

Sem beber não vou no samba, (*bis*)
Sem fumar não vou no samba. (*bis*)

Cabacinha que eu trazia
Prêsa aqui no meu axô,
Estava quase vaziinha,
Caiu n'água e acabou.

Amigo, me dê um cigarro,
Eu também sou fumador.
A bagana que eu trazia
Caiu n'água e se molhou.

Vamos beber, ó linda,
Na Venda Nova, ó linda. (*bis*)

A cachaça boa
É do Pau do Alho.
Aqui mesmo eu bebo,
Aqui mesmo eu caio.

Boiadeiro é meu,
Meu amigo leal. (*bis*)
Boiadeiro Aldeia Nova
de Jequiriçá. (*bis*)

Caboclo bom é maiongá,
Aê aê, maiongá,
Seu Boiadeiro é maiongá,
Aê, aê maiongá. (*bis*)

Seu Boiadeiro, cadê sua guiada,
Seu Boiadeiro, cadê sua guiada,
Sua guiada ficou lá em Belém
Seu chapéu de couro ficou lá também
Sem a sua guiada ele não é ninguém. (*bis*)

Giandirá, o que é meu
É do meu irmão,
É do meu irmão,
Do meu irmão de coração. (*bis*)

Quem me dá de fumar, também fuma,
Quem me dá de beber, também bebe. (*bis*)

Lá, na Vila Nova,
Lá na Vila Nova,
Na Vila Nova do Seu Boiadeiro,
Lá na Vila. (*bis*)

Foi nesse passo
Que eu saí da minha aldeia, (*bis*)
Com meu chapéu do lado,
Minha calça arregaçada.
Quando eu saí minha mãe me abençoou. (*bis*)

Meu Deus, que barulho é esse?
As águas estão rolando,
Seu gado esparramado,
Boiadeiro, o que está fazendo?

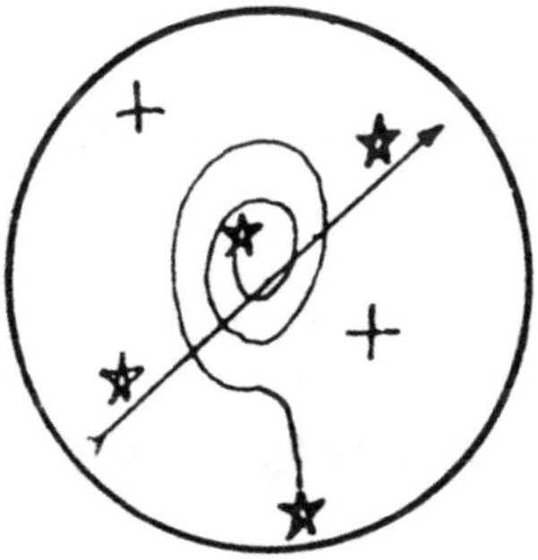

Ponto de boiadeiro

Seu Boiadeiro, por aqui choveu,
Por aqui choveu,
Choveu, choveu que abarrotou.
Foi tanta água,
Que seu boi nadou.

Se na vaquejada
Eu fui infeliz,
Caí do cavalo,
Salavá foi quem quis. (*bis*)

Passeando pela mata do Amazonas,
Como vai, como passou, sinhá dona,

Deus lhe dê boa noite, sinhá dona
Deus lhe dê boa noite, sinhá dona.

Juncinha, juncinha,
Juncinha do ajunçá, (*bis*)
Eu mandei fazer a junça
No dia de sexta-feira,
A junça foi recebida
Lá no pé da juremeira.

Mas que caminho tão longo,
Que trabalhão que me deu,
Saí da minha aldeia
Mas tô no meio dos meus. (*bis*)

Lé, lé, lé,
Massanga é de cariolé (*bis*)
Massanga é de cariolé
Massanga é de cariolé, sim sinhô. (*bis*)

Pedrinha
Miudinha na Aruanda aê,
Lajedo
Tão grande, tão grande
Na Aruanda aê. (*bis*)

Três pedras,
Três pedras dentro desta aldeia,
Uma é maior, outra é menor,
A menorzinha é que nos alumeia.

Pedrinha de um lado,
Pedrinha de outro,
Pedrinha lá do mato é
Quem pode mais é Deus no Céu,
Jesus, Maria e José. (*bis*)

O pavão é um pássaro lindo,
O pavão é um pássaro lindo,
Com suas penas douradas,
Que os índios abençoaram
Lá na aldeia onde Caboclo maia. (*bis*)

Seu Boiadeiro nasceu em Roma,
Em Roma nasceu Messias,
Que o coroou com a coroa de Zambi.
Se coroou, é que ele merecia. (*bis*)

Auê, junçara,
Tumba junçara, como vai você.
Auê, junçara,
Vim de tão longe só pra te ver, auê junçara.

Eu nunca pensei,
Tumba junçara,
De lhe ver,
Tumba junçara.

Salve Deus, salve a pátria e salve os homens,
Salve todos os que estão aqui,
Salve Deus, salve a pátria, salve os homens,
Seu Boiadeiro é o Caboclo do Brasil. (*bis*)

Boa noite, pra quem é de boa noite,
Bom dia, pra quem é de bom dia,
A bênção, meu táta, a bênção,
Sou boiadeiro e sou Rei lá na Hungria.

Eu vi uma cutia
Com o coco no dente.
Quando ela me viu,
Enguliu de repente. (*bis*)

Nas tranças do seu cabelo,
Eu bebi água de gravatá, (*bis*)
Eu bebi água de gravatá, seu Boiadeiro,
Eu bebi água de gravatá. (*bis*)

Eu só vim aqui pra lhe ver
E saber da sua saúde,
Meu cavalo empinou na ladeira,
Eu queria subir mas não pude.

Ogã, sou pequenino,
Caboclo não sabe ler,
Me empreste uma cartilha
Que também quero aprender.

Eu não sou daqui,
Sou marinheiro só,
Eu sou do amor,
Sou marinheiro só,
Eu vim da Bahia,
Sou marinheiro só,
De São Salvador,
Sou marinheiro só.

Moinho da Bahia queimou,
Queimou, deixa queimar. (*bis*)

Capineiro é meu amigo,
Capineiro é meu irmão. (*bis*)
Quando ele pega da foice,
Eu pego do meu facão, capineiro.
Não corte capim aí, capineiro,
Só corte quando eu mandar, capineiro. (*bis*)

Sou coberto de penas,
Mas não sou passarinho. (*bis*)

Se tem um bom vinho, meu camarada,
Me arranja um golinho. (*bis*)

Olí, olí, olá,
Seu Boiadeiro passou por aqui, (*bis*)
Mas as meninas lá da Lapa disseram,
Seu Boiadeiro é Caboclo Gentil. (*bis*)

Eu só vim aqui, meu camarada,
Pela sua fama, meu camarada,
Eu já lhe abracei, meu camarada,
Vou seguir caminho, meu camarada.

Cadê a minha corda
De laçar meu boi,
Minha rês fugiu,
Não sei pra onde foi.

Na minha guiada
Tá faltando um boi.
Tá faltando um,
Oi me faltam dois.
A minha guiada
De rês tem trinta e três,
Tá faltando uma,
Tão faltando três.

Boiadeiro é meu,
É meu irmão,
Irmãozinho do coração,
Mas ele é meu irmão. (*bis*)

Oi abra, campestre,
Que eu quero passar,
Quero ver os meus filhos
Do lado de lá. (*bis*)

Foi no caminho que eu andava,
Aruêra,
Sou filho de Ganga Zumba,
Aruêra,
E no caminho mané pá,
Aruêra,
Sou filho de Ganga Zumba,
Aruêra.

O Jurema, ô Jurema
Caboclo bebeu jurema
Ô Jurema, ô Juremá,
É Caboclo de xetroá.

Salé
Salé monã
Jangadinha
É dí barolé

Salé mi randê
Salé mi randê,
Salé mi randê, salé
Salé mi randê, ô.

Pisei na beira do rio,
Escorrego porém não caio.
Olha a rapaziada, meus camarado,
Agüenta firme o galho.

Agüenta firme o galho,
Sotaque vai começar.
O toque de Sambangola
Boiadeiro veio animar.

Vamos versejar, sá dona,
Vamos versejar, sinhá,

Vamos versejar, Juliana,
Vamos versejar, óia lá.

Verseiro bom
É aquele que não cansa, (*bis*)
Sotaque até de manhã,
Iaô não esfria a dança.
Samba de roda, sinhô,
Samba de roda, sinhá,
Vamos ver quem samba bem,
Angolê, sambangolá.

Tum tum tum, bateu,
Boiadeiro sou eu.
No bater da cancela,
Amigo leal eu sou.

Já salvei a artilharia,
Já salvei a artilharia,
O desembarque é na ribeira,
Na fé da Virgem Maria.

O manado vem de Lisboa,
Que beleza nas ondas do mar.
Eu vim pelo mato negro,
Eu vi no mato uma pemba real.

O Cruzeiro do Sul no céu
Abençoou minha missão.
Eu me chamo Seu Boiadeiro
E só ando de pé no chão.

Boiadeiro é o meu nome,
Não nego meu natural,
Vim de longe, da juremeira,
Não nego meu natural.

Sambamêto, sambametuê
Sambamêto, sambametuê
Boiadeiro é Sambangola, (*bis*)
Sambametuê. (*bis*)

Vadeia, vadeia,
Vadeia Seu Boiadeiro, vadeia,
Vamos vadear.

Pedra rolou de Ossâim
Paxorô é de Oxalá,
Abebé é da Oxum,
Louvo o Santo que tem ilá.

Barracão tá enfeitado,
Meu Deus, que zoada é esta,
Boiadeiro tá chegando,
Vamos animar a festa.

Senhora equéde da roça,
Escute o que vou falar,
Pras cantigas estou pronto,
Mas mande um golinho me dar.

Senhor alabê da Casa,
Peço a sua bênção,
Vim de longe e venho em paz,
Não vim pra sotaque, não.

Eu nasci nas Águas Claras,
No Chapadão me criei,
Sou irmão de Navizala,
Esta Casa já louvei.

Sou carreiro bom,
Carreio em qualquer fazenda,

Boi não fica esparramado
E eu não saio da venda.

Sei beber bem direitinho,
Não faço vergonha não,
Experimente: me dê um golinho,
Por favor, não me deixe na mão.

Aqui não vim pra sotaque,
Pouco eu sei versejar,
Mas se tem fumo e bebida,
Por aqui eu vou ficar.

Conheço o meu lugar,
Não sou assanhado não,
Gosto dos meus camaradas,
Todos eles meus irmãos.
Meus irmãos,
Irmãozinhos do coração,
Meus irmãos,
Irmãozinhos do coração.

Não nego meu natural,
Só sei mesmo andar descalço
Se o samba esquenta, não me aperto,
Eu nunca piso em falso.

Vim andando pelas ruas,
Correndo pelas estradas,
Bebendo pelas vendas,
Tirando minhas baforadas.

Sem bebida e sem cigarro,
Eu fico meio zangado,
Senhores da Casa Santa,
Respeito pra ser respeitado.

Vamos vadear, sinhá dona,
Vamos vadear, meu sinhô, (*bis*)
Vamos vadear, meus camaradas,
Vamos vadear, minhas iaôs.

Seu Boiadeiro é bom,
Na umbanda é bom como o quê. (*bis*)
Quando está em Casa de Angola,
Ele é um Caboclo Xoroquê. (*bis*)

No alto do liso lajedo,
Eu vi Boiadeiro sentado,
Na mão seu chicote de couro,
Um lindo laço ao seu lado.

Mas que lindo Caboclo chegou,
É um lindo Caboclo ligeiro,
Saravá esta linda umbanda,
Aqui chegou o Caboclo Boiadeiro.

Ele veio do sertão,
Correndo pelas estradas,
Estalando seu chicote,
Carreando sua boiada.

Ai, ai, ai meu Deus do céu,
Ai, ai, ai Virgem Maria,
umbanda de Boiadeiro
Vara o raiar do dia.

Boiadeiro eloá
Boiadeiro ele é
Quando bate com a mão,
Sapateia com o pé.

Já louvei Boiadeiro,
Já louvei Jesus,
Louvei esta Casa Santa
Da Terra de Santa Cruz.

Quando ele vem do Chapadão onde nasceu,
Das Águas Claras lindas onde se criou,
Ele é um lindo Caboclo Boiadeiro,
Não nega seu natural,
Não nega de onde veio.

A umbanda tem mironga,
Boiadeiro também tem gongá,
Saravá estrela que lhe ilumina,
Saravá, lindo Caboclo, saravá.

Eu vi, sim sinhô,
Eu vi, sim, sinhá,
O Caboclo Boiadeiro
Vindo do seu juremá.

Jurema, juremeira,
Jurema Cabocla de penas,
Chama por Seu Boiadeiro
E por sua irmã Iracema.

Tum, tum, tum,
Bateu na porteira.
Tum, tum, tum,
Bateu na cancela.
Chegou Boiadeiro de umbanda,
Menina, saia desta janela.

Vestindo gibão de couro,
Ele é bom versejador,

Você tá correndo perigo, moça,
Ele é bom namorador.

Ele é Boiadeiro,
É da mina do ouro em pó. (*bis*)
Quando o samba esquenta muito,
Sabe dançar num pé só.

Quem passou pelo lajedo lá da serra,
Quem passou pelo lajedo lá da mata, (*bis*)
Quem passou pelo sertão lá do Nordeste
E não viu Seu Boiadeiro,
Foi a Roma e não viu o Papa.

Junçara, junçará,
Juncinha, juncinhá,
Cadê o Seu Boiadeiro,
Que é do lado de lá. (*bis*)

Viola no peito tocando,
Dim dim dim, quem vem lá? (*bis*)
É o Caboclo Boiadeiro,
Ele é Rei de Jequiriçá.

Viola vem, viola vai,
Boiadeiro que é bom
Neste samba não cai.

Ô lá, ô lalaí,
Ô lá, laiá laiá (*bis*)
Boiadeiro Sambangola,
Ele vem do Piauí,
Vem sambando pela estrada,
Ele vai chegar aqui.
Ô lá, ô lalaí.

Vamos animar o samba,
Animar o toque agora,
Se não vamos ficar sozinhos,
Boiadeiro vai embora.
Ô lá, o lalaí.

Meu patrão, meu patrãozinho,
Me responda bem depressa,
Patrãozinho, por que é
Que Boiadeiro samba à beça?
Ô lá, ô lalaí. (*bis*)

CANTIGAS DE BOIADEIRO NA JUREMA

ponto de boiadero na jurema

Ele é Boiadeiro,
É caboclo na Jurema, (*bis*)
Ele passeia nesta terra
É porque tem ordem suprema. (*bis*)

Na Jurema tem uma linda flor,
Na cachoeira brotou linda roseira.
Na mata virgem, Seu Boiadeiro, ô juremá,
Com o seu laço ele pega boi, ele ganga boi,
Ele quebra madeira.

Quem tem, quem dá,
Quem deu, quem daria,
Boiadeiro na Jurema
É filho da Virgem Maria.

Sobe serra, desce serra,
Sobe montes e desce cá,
Caminhou setenta léguas
Pra chegar neste abaçá.

Quem chegou na nossa umbanda,
Aqui veio saravar.
Veio de longe, do sertão,
Seu Boiadeiro de Gravatá.

Chetruê, chetruá,
Corda de laçar meu boi,
Chetruê, chetruá,
A corda de meu boi laçar.

Cadê a corda de laçar meu boi,
Cadê a corda de laçar meu boi,
O meu boi fugiu,
Não sei para onde foi. (*bis*)

A minha boiada é de trinta e três,
A minha boiada é de trinta e três,
Eu só tenho trinta,
Tá faltando três.

Um barquinho vem de longe,
Guiado por bom timoneiro. (*bis*)
Assim vem a vaquejada
Conduzida por Boiadeiro. (*bis*)

Temporal,
Venta no sertão, temporal, (*bis*)
Venta no sertão, temporal,
Boiadeiro no sertão, temporal. (*bis*)

Meu bom amigo e ogã,
Num versinho vou lhe dizer,
Sou Boiadeiro do Sertão,
Lhe trago um bem-querer.
Ai ai ai ai,
Lhe trago um bem-querer. (*bis*)

Trago fumo em meu bornal,
Minha bebida no cantil. (*bis*)
Nunca viajo sozinho, sinhô,
Sem bornal nem sem cantil.

Laçou, laçou, laçou,
Laçou o seu boi brabo.
Boiadeiro na Jurema
Laçou o seu boi brabo.

O seu laço é forte,
O seu coité é bem largo. (*bis*)
Sou amigo de Boiadeiro,
Que me guarda no meu cargo.

Boiadeiro nasceu só,
Mas não nega seus irmãos,
Quando chega na Jurema
Vem sempre de pé no chão.
Ai ai ai ai,
Vem sempre de pé no chão. (*bis*)

Laço de couro, meu irmão,
Chapéu de aba, meu camarado,

Calça arregaçada, dou boa-noite,
Sou Boiadeiro, canto arrastado.

Venho passeando,
Pela madrugada afora. (*bis*)
Quando chego numa Roça, meu sinhô,
Dou boa noite a todos, minha senhora.

Rompendo serras,
Atravessando chapadas (*bis*)
Vim de muito longe, bom amigo,
Vim matar a saudade, meus camaradas. (*bis*)

Cheguei, cheguei,
Cheguei, meu bom irmão.
Cheguei na Casa Santa de Oxalá,
Cheguei trazendo paz no coração. (*bis*)

Quem passeia pelas matas,
Vê sempre lindo Caboclo.
Quem vaga pelo sertão,
Com roupagem de armeiro,
Vê o Caboclo Boiadeiro.

As águas correm para o mar,
Do riacho ou da cachoeira. (*bis*)
Neste samba de Caboclo,
Boiadeiro está na roda,
Mostrando passada ligeira. (*bis*)

O Caboclo é
Filho de Deus Nosso Senhor. (*bis*)
Boiadeiro está na Casa,
Saravando o Criador. (*bis*)

De onde vem o Caboclo de Penas?
Ele vem do seu Juremá.
De onde vem o Seu Boiadeiro, minha gente?
Ele vem do reino bendito de Oxalá.

Ai, ai ai,
Valei-me Seu Boiadeiro. (*bis*)
Quem lhe pede, quem lhe implora,
É um filho de Terreiro. (*bis*)

Seu Boiadeiro, na Nação,
Gosta muito de sambangola,
Ele veste seu lindo gibão,
E um belo colete sem gola.

Valei-me, meu Salvador,
Valei-me nas horas santas,
Eu rogo pra Boiadeiro,
Valei-me nas horas santas.

Sambei, sambei,
Até alta madrugada. (*bis*)
Boiadeiro é sambador,
Samba até a alvorada. (*bis*)

As águas da chuva aumentam o rio,
As do rio aumentam a cachoeira.
O dono da pedreira é Xangô, meu pai,
Seu filho é Boiadeiro da Juremeira.

Na corrida da ventania,
Eu vi passar um Caboclo matreiro.
Procurei saber seu nome, xetruá,
Um lindo brado dizia: Eu sou Boiadeiro. (*bis*)

A folha que Boiadeiro tem,
Foi tirada do pé da gameleira.
Ossanhe foi quem lhe deu o axé,
Para trabalhar no Santo
E para ter força guerreira.

Numa Roça de Santo
Eu sou bom sambador,
No Terreiro de umbanda
Sou trabalhador.
Tenho o meu pé firme
Num samba bom,
Mas se demanda surge,
Não perco ocasião.

Uma flecha zoou lá das matas,
Um laço firme veio do sertão. (*bis*)
Eu vi lindo Caboclo de saiote e penacho,
Eu vi Boiadeiro do Chapadão. (*bis*)

Oh, meu patrão,
O gado esparramou no campo,
Me dê meu laço, ligeiro,
Cadê meu cavalo pampo?
Ai, ai ai, (*bis*)
Cadê meu cavalo pampo? (*bis*)

Não bebo mais,
Não tomo mais parati;
Só não largo meu cigarro de palha
Enquanto eu estiver aqui.

Sou Boiadeiro do Chapadão,
Nunca neguei meu natural.

Criei-me nas Águas Claras,
Meu nome é original.
Sou sambador firme no pé,
Gosto de bom sambangola,
Fico meio atravessado,
Quando o ogã se embola.

Sim, sim, sim, baiana,
Não nego meu natural,
Sim, sim, sim, baiana,
Artilharia deu sinal.

Zé Mineiro é meu irmão,
Carreiro bom tá ali mesmo.
Zé Mineiro é meu irmão,
Irmãozinho do coração.

Segura a roda, sinhô,
Segura a roda, sinhá,
O samba tá esquentando,
Fica quem tem para ficar.

Sambou, sambou,
Até alta madrugada, (*bis*)
Boiadeiro tá brincando,
Iaô já tá cansada.

Dim dim dim,
Dem dem dom,
Agora é que o samba é bom.

Boa noite, meus senhores,
Boa noite, minhas senhoras,
Vim de tão longe, do Chapadão,

Aqui estou chegando agora.
Eu me chamo Boiadeiro,
Venho do meu natural.
Salve Deus, Zambiapongo,
Venho do meu natural.
Chegando na Casa Santa,
Louvo sempre Bom Jesus,
Chorando sentidas lágrimas,
Quando Ele morreu na cruz.

Louvo a Virgem Maria,
Mãe Santíssima do céu,
Louvo os ogãs da Casa,
Tirando o meu chapéu.
Tomo a bênção ao pai-de-santo,
Pelo orixá que carrega,
Tomo a bençâo à equéde,
Que bebida não me nega.
Aperto a mão das iaôs,
Seus santos sejam louvados,
E deixo pequeno aviso:
O samba vai ficar enfezado.
Oi, olô pandeiro. (*bis*)
Oi, olô viola. (*bis*)

Pisei no massapê,
Quase caio dentro d'água,
Os rapazes todos gritaram:
Boiadeiro agüenta o galho!
Agüentei, agüentei,
Não caí dentro d'água,
Agüentei, agüentei,
Camaradas, não deixo mágoa.

Sou da Mina do Santé,
Muquéra, muquenda ê quá (*bis*)
Olha eu, olha eu,
Muquéra, muquenda ê quá (*bis*)

Vim passeando pelo Rio das Contas,
Vim caminhando por aquela rua. (*bis*)
Olha como é lindo
Ver Boiadeiro no clarão da lua. (*bis*)

Seu Boiadeiro também viu mata gemer,
Seu Boiadeiro também viu coral piar,
Seu Boiadeiro, quando chega do sertão,
Traz sua faca, laço e chapéu,
Mas vem sempre de pé no chão.

PONTOS DE BOIADEIRO CHAPÉU DE COURO

Vem lá do sertão do Amazonas,
Vem pra saravar neste Terreiro,
Boiadeiro Chapéu de Couro
É Caboclo e bom guerreiro.

Quando chega nesta banda,
Vem pra saravá gongá,
Louva o santo da Casa,
Toma a bênção a Oxalá.

PONTO DE BOIADEIRO DA IMBAÚBA

Imbá, imbá, imbaúba. (*bis*)
Imbaúba, é bom. (*bis*)
Caboclo Boiadeiro, imbaúba,
É meu protetor, imbaúba,

Ele é quem me vale, imbaúba,
Nas horas de dor, imbaúba.

PONTO DE BOIADEIRO DO INGÁ

Debaixo do ingazeiro,
Lindo Caboclo versejava,
Quando perguntei seu nome,
Se aborreceu, disse que não dava.
Depois de muita conversa,
Olhando pro ingazeiro,
Disse um verso e confessou:
Eu me chamo Boiadeiro.

PONTO DE BOIADEIRO DO LAJEDO

Madrugada na mata virgem,
Sabiá cantou no galho,
Eu vi um forte Caboclo,
Fazendo o seu trabalho.
Boiadeiro do Lajedo, ele é,
Boiadeiro na jurema, ele é,
Vencedor de demandas, ele é,
O meu protetor de fé, ele é.

PONTO DE BOIADEIRO DO RIO

Corre água no Amazonas,
Brilha o sol, refulge a lua,
Boiadeiro dono dos rios,
Vadeando pelas ruas.

Boiadeiro é bom, é meu irmão, (*bis*)
Trago este Caboclo em meu coração. (*bis*)

PONTO DE BOIADEIRO JUREMA

O Caboclo flechou a sua ave,
A Cabocla mostrou sua linda flor,
Boiadeiro Juremá na sua banda
Já nos saravou, já nos saravou.

PONTOS DE BOIADEIRO NAVIZALA

Chegou, chegou,
Na Casa Santa ele chegou (*bis*)
Boiadeiro Navizala
Chegou no reino agora.
Quem está de pé que se sente,
Pois ninguém vai mais embora.

Ossâim mora no tempo,
Meu Santo mora na sala. (*bis*)
Pra quem quiser o meu nome,
Sou Boiadeiro Navizala.
Quem quiser saber mais meu nome,
É perguntar sempre a Deus,
Pois me chamo Boiadeiro,
Filho de São Bartolomeu.

Ila ila cé cé (*bis*)
Boiadeiro Navizala,
Ila ila cé cé.

Eu sou Jurema,
Eu sou Jurema,
Eu sou Juremá
Eu sou Navizala.

Eu tenho pai,
Eu tenho mãe,
Sou Boiadeiro,
Sou um Rei lá em Navizala.

Meu amigo e camarado,
Cheguei dentro desta sala,
O meu nome não lhe nego,
Sou Boiadeiro Navizala.
Ô lá, ô lalaí.

Quequerê, quequerê,
Boiadeiro é sambador,
Quequerê, quequerá,
É um bom caminhador,
Quequerê, quequerá,
Boiadeiro Navizala
Quequerê, quequerá,
Mostra evoluções na sala,
Quequerê, quequerá,
Companheiros desta Roça,
Quequerê, quequerá,
Volto pra minha palhoça.

Onde deixei minha guiada?
Meu Deus do céu,
Meu nome é Boiadeiro Navizala
Sem a minha guiada eu não sou nada.

PONTO DE BOIADEIRO SERTANEJO

Caminheiro caminherê,
Caminheiro caminherá,
Boiadeiro Sertanejo
Vai chegar neste gongá.
Quando vem do seu sertão,
Vem mesmo de pé no chão,
Com seu laço a tiracolo,
Chapéu de couro na mão.
Ai ai ai ai, Boiadeiro Sertanejo, (*bis*)
Ai ai ai ai, Boiadeiro é meu irmão. (*bis*)

PONTOS DE JOÃO BOIADEIRO

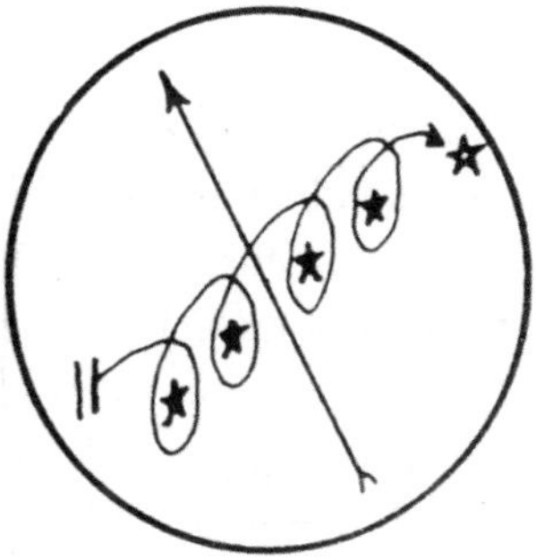

ponto de João Boiadeiro

É malandragem, moço,
É malandragem,
João Boiadeiro
É um rei na malandragem, moço.

João Boiadeiro,
Cadê seu chapéu de couro,
Cadê o seu laço forte,

João Boiadeiro é meu tesouro.
Ai, ai ai ai, (*bis*)
Boiadeiro é meu tesouro. (*bis*)

O seu laço é forte,
Seu bastão toca a boiada,
João Boiadeiro é meu irmão,
Irmãozinho e camarada.

PONTOS DE SUBIDA

Tempo ventou, temporal,
Tempo ventou, ventania,
Aproveitando a jogada
Volto pra minha Bahia.

Quando a lua vai sumindo,
O sol vem rompendo a aurora. (*bis*)
Adeus, camarada, adeus,
Boiadeiro vai embora. (*bis*)

Com a licença do sinhô,
Com a licença da senhora,
Vem rompendo a madrugada,
Boiadeiro vai embora.

Dialuzangue, Apongo deu,
Adeus querê, adeus querê,
Terra diamô.

Adeus, camaradinha, adeus.
Adeus que eu já vou embora,
E no balanço das águas eu vim,
E no balanço do mar eu vou agora.

Sambei, sambei,
Sambei até madrugada. (*bis*)
Acabou o samba agora,
Vou rever minha guiada. (*bis*)

Eu vou embora, camarado,
Meu navio já apitou
De longe estou ouvindo
O som de um agogô.

Adeus, rolinha,
Rolinha fogo-apagou.
Adeus, rolinha,
Camarado eu já me vou.

Sempre ao partir,
Sinto pena, sinto dó. (*bis*)
Boiadeiro, quando parte,
Deixando a banda só,
Vai embora pro sertão,
Boiadeiro vai aunló.

Olô, viola tocando,
Olô, pandeiro batendo,
Boiadeiro vai embora,
Meu Deus, já estou sofrendo.

CABOCLOS

OS *CABOCLOS DE PENA* SÃO OS ESPÍRITOS DOS NOSSOS ÍNDIOS, os mais antigos donos dessa terra que hoje é o Brasil. Eles são assim chamados por causa das suas vestimentas, que incluem saiotes, cocares e outros adereços de penas de cores variegadas.

Os caboclos se dividem em diversas nações: aimorés, tupis, tamoios, guaranis etc. Cada uma é caracterizada por uma combinação de cores, como branco e vermelho, branco e verde, branco e amarelo, branco e laranja.

Conforme seu local de moradia, as legiões de caboclos e caboclas pertencem a uma Linha de umbanda diferente. Cada Linha é constituída por sete legiões, cada uma com seu chefe. A Linha de Xangô inclui as legiões de: Iansã, Caboclo das Cachoeiras, Caboclo Pedra-Branca, Caboclo do Sol e da Lua, Caboclo Treme-Terra e Caboclo do Vento. Na Linha de Oxóssi estão as legiões de: Araribóia, Guaranis (chefiada por Araúna), Cabocla Jurema, Caboclo das Sete Encruzilhadas, Pele-vermelhas (chefiada por Águia Branca), Tamoios e Urubatão. A Linha de Ogum inclui as legiões de: Ogum Beira-Mar (praias), Ogum Delei (Linha de Malei, da quimbanda), Ogum Iara (rios), Ogum Matinata (campos), Ogum Megê (Linha das Almas, na umbanda), Ogum Naruê (Linha das Almas, na quimbanda) e Ogum Rompe-Mato (matas). Na Linha de Iemanjá estão as legiões de: Cabocla Iansã (chuvas), Cabocla Iara (rios), Cabocla Indaiá (lagos), Cabocla Janaína (mar), Cabocla Nanã (fontes), Cabocla Oxum (cachoeiras) e Sereia (mar) Os caboclos conhecem todos os segredos das forças da natureza. Por isso, sabem como descarregar um ambiente cheio de energias nocivas e como curar uma pessoa atingida por males físicos ou espirituais, usando as energias benéficas que nos cercam e o seu próprio poder espiritual.

Os caboclos começaram a se manifestar nos candomblés de caboclo e nas mesas de jurema do catimbó. Mais tarde, tornaramse um dos mais importantes grupos de entidades da umbanda. Em uma sessão de umbanda, os caboclos atendem aos fiéis, fazendo passes e defumações (geramente feitas com seus charutos), além de ensinar os remédios e dar os conselhos adequados a cada caso. Quando é feita a "virada da banda" (quando a casa faz uma sessão de quimbanda), os caboclos são chamados no início e no final, para garantir a segurança e a limpeza do ambiente e de todos os participantes.

A ferramenta dos caboclos é o arco-e-flecha. Sua saudação é: *Oquê*!

PONTOS DE CHAMADA DE CABOCLAS E CABOCLOS EM GERAL

Umbanda,
Onde estão os seus caboclos? (*bis*)
Eles vêm de longe,
Do centro do Juremá,

Com seus saiotes de penas,
Na umbanda saravá, umbanda.

Vai, estrela tão brilhante,
Que ilumina este gongá. (*bis*)
Vai buscar, estrela, vai buscar,
Com a permissão de Oxalá,
Vai buscar (*dizer o nome do Caboclo chamado*)
Pra vir na umbanda trabalhar,
Estrela brilhante.

Seu (*dizer o nome do Caboclo*), sua banda lhe chama,
Seu (*dizer o nome do Caboclo*), sua banda lhe implora,
Vem, meu Caboclo de Nossa Senhora,
Venha com Deus que chegou a hora.

PONTO DE SAUDAÇÃO

Seu Ubirajara, saravá seu Pedra Negra.
Seu Ubirajara, saravá gongá.
Oi,
Saravá Oxalá!
Saravá Oxalá!

O nome do Caboclo Chefe da falange será sempre pronunciado em primeiro lugar, mencionando-se, em seguida, o nome de cada Caboclo que faça parte da Corrente.

PONTO DE LOUVOR PARA DOIS CABOCLOS

Lá na mata, sua mata,
Dois manos combinou.
Salve a flecha e o bodoque,
Viva Deus, Nosso Senhor! (*bis*)

PONTO PEDINDO IDENTIFICAÇÃO

Ô meu Caboclo, que mata é a sua,
Ô meu Caboclo, que mata é a sua,
Que mata é a sua,
É a de cá ou é a de lá,
Onde pia a cobra,
Onde canta o sabiá?

PONTO PARA CONFIRMAR

Ajoelha, Caboclo,
Você não é judeu. (*bis*)
Você tem um nome,
Foi Oxalá quem lhe deu.

PONTOS DE CABOCLO (CONFIRMADO)

Sua flecha a tiracolo,
Foi Oxalá quem lhe deu. (*bis*)
Quem achou, achou,
Quem perdeu, perdeu. (*bis*)

Disse que me disse,
Falasse quem falasse. (*bis*)
É meu, é meu,
Foi Oxalá quem me deu. (*bis*)

PONTO DE CABOCLO (ALERTANDO)

Caboclo, segura o brado,
Caboclo tu olha lá,

Tem um pau que quebra machado,
É o tronco da guaraúna.

PONTO DE CABOCLO (PARA FIRMEZA DE PONTO)

Ô cauiza, ô cauiza (*bis*)
Eu vi Caboclo na mata, eu vi,
Eu vi Caboclo na mata, oquê.
Caboclo firma seu ponto que eu quero ver,
E mostre que é Caboclo do arirê.

PONTO DA CABOCLA JACIRA

ponto da cabocla Jacira

Na fonte da água cristalina,
Uma bela cabocla se mira. (*bis*)
Dos cabelos correm pérolas douradas,
Tá na gira a Cabocla Jacira. (*bis*)

PONTOS DA CABOCLA JANDIRA

ponto da cabocla Jandira

Seu cocar é de pena branca,
Ela é quem segura a gira. (*bis*)
Saravá sua linda banda,
Saravá a Cabocla Jandira. (*bis*)

Eu já mandei fazer
Três capacetes de penas. (*bis*)
Um é pra Jupira,
Outro pra Jandira
E outro pra Jurema.

PONTOS DA CABOCLA JUPIRA

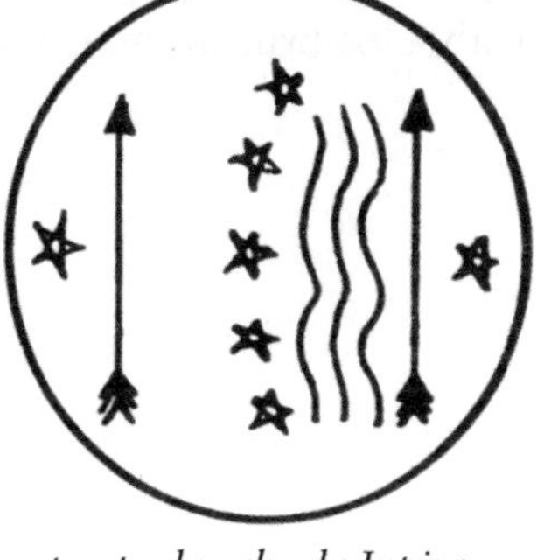

ponto da cabocla Jupira

Estava em festa,
Toda a floresta estava em festa,
Porque cantou o uirapurú.
No seu cantar
Ele veio anunciar,
Pois a Cabocla Jupira vai baixar
Na terra de Pai Olorum.
Ela vai baixar
Prá nos ajudar,
Ela vai salvar
A sua banda, a sua gira.
Saravá Pai Olorum, saravá,
Acaba de chegar a linda Cabocla menina.
Mas ela tem a beleza que encanta,
O olhar de uma santa,
Que nos encanta,
Jupira, linda Cabocla menina,
É portadora de uma mensagem divina;
Ela é, ela é, ela é
A menina dos olhos do Cacique Aimoré. (*bis*)

Jupira e Tatuíra,
Caboclo (*dizer o nome de qualquer Caboclo*)
É um Caboclo valente.
Salve a sentinela de umbanda, ô Jupira, (*bis*)
Deixa os Caboclos brincarem, ô Jupira.

PONTOS DA CABOCLA JUREMA

ponto da cabocla Jurema

Dona Jurema, ela nasceu
Ela nasceu no Juremá (*bis*)
Saravá Cabocla no endá
Na raiz do orucá. (*bis*)

Caiu uma folha na Jurema,
Veio o sereno e molhou.
E depois veio o sol, enxugou, enxugou
E a mata ficou toda em flor. (*bis*)

ponto da cabocla Jurema

Companheiros da Jurema,
Não deixem suas matas sozinhas. (*bis*)

Lá têm coisas preciosas
E a Jurema é a rainha (*bis*)

Jurema,
O seu saiote é tão lindo. (*bis*)
Seu capacete é azul,
Brilha como o diadema.
Jurema,
Ô juremê, juremá
Abandona suas matas
E vem na umbanda saravá.

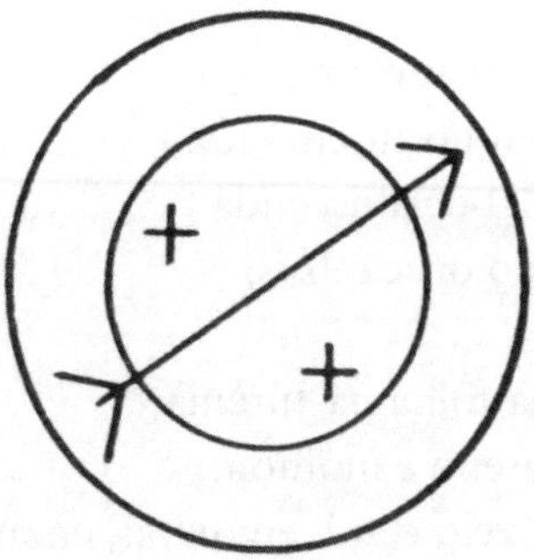

ponto da cabocla Jurema

Jurema,
Com seu saiote de penas,
Da sua cabana suprema
Sai e vem pra trabalhar.
Jurema, Jurema, Jurema,
Jurê, juremê, juremá,
Jurema é filha de Tupinambá.

ponto da cabocla Jurema

Lá na Jurema,
Debaixo de um pé de ingá, lá na Jurema (*bis*)
Onde o luar clareia os Caboclos
Deixa a Cabocla Jurema passar
Jurema, Jurema,
Olha o seu Juremá. (*bis*)

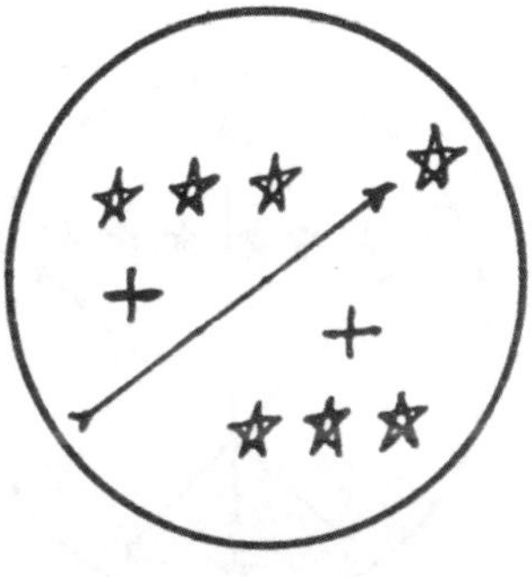

ponto da cabocla Jurema

Minha senhora lá das matas,
Me diga quem manda aí. (*bis*)
Venha pra perto pra ver,
Dona Jurema é do arirí. (*bis*)

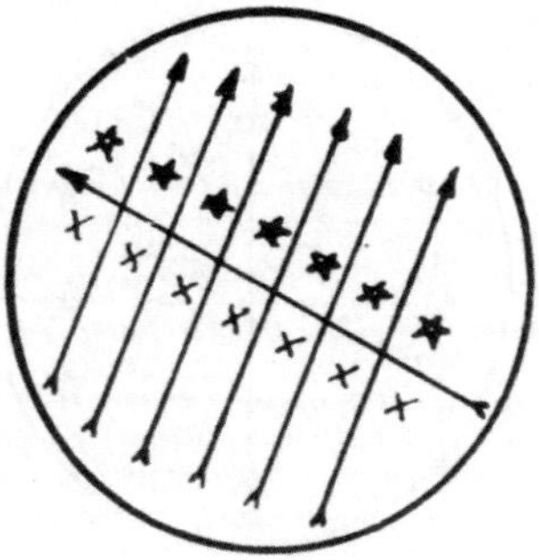

ponto da cabocla Jurema

Lá na mata eu vi
Linda Cabocla de penas. (*bis*)
Era Dona Jurema,
Com sua flecha suprema,
Mas ela vem de tão longe,
Veio pra caçar a ema.
Lá na mata eu vi... (*repetir o refrão*)

ponto da cabocla Jurema

O rio rolou na mata virgem,
Uma estrela brilhou na Aruanda. (*bis*)
Saravá linda umbanda, umbanda linda, saravá
Agora a Cabocla Jurema é quem manda.

ponto da cabocla Jurema

A folha que a Jurema tem,
Mata e cura também. (*bis*)
As águas lá da cachoeira
Não matam a sede que a Jurema tem. (*bis*)

PONTOS DA CABOCLA JUREMINHA

ponto da cabocla Jureminha

Ô Jureminha,
Urubatão está chamando.
Na sua mata virgem
Uma coral piou. (*bis*)
Ôi firma ponto, Jurema,
Rainha do Juremá.
Ela é Cabocla filha de Tupinambá. (*bis*)

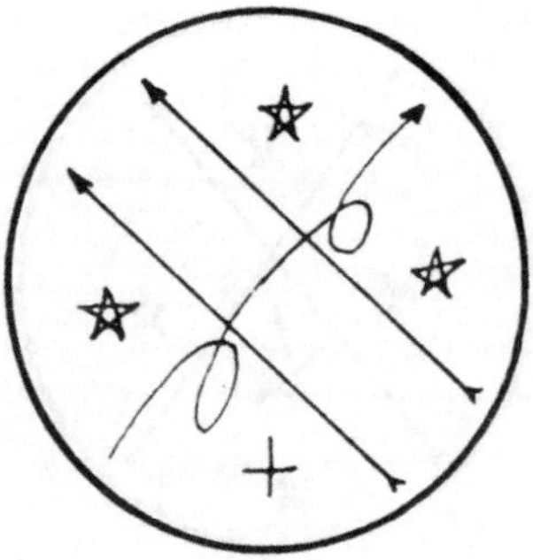

ponto da cabocla Jureminha

Seu saiote carijó brilhou na mata,
Sua flecha de indaiá assoviou.
A Cabocla Jureminha, Rainha de umbanda,
Nossa banda já saravou, saravou.

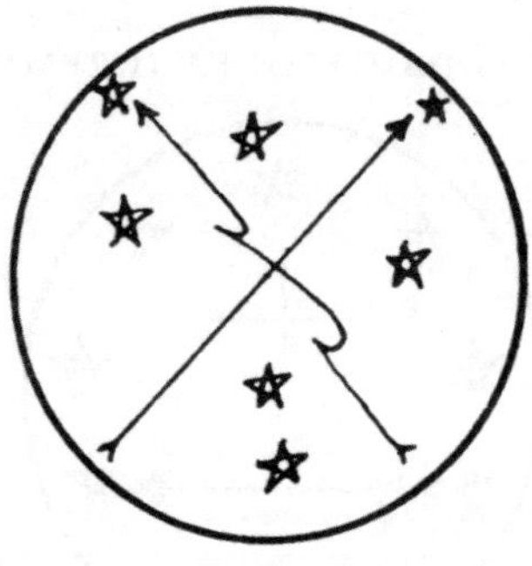

ponto da cabocla Jureminha

Minha Cabocla é linda, orirá,
Minha Cabocla é bela, orirá,
Sua luz bendita quem lhe deu
Quem lhe deu foi nosso Pai Oxalá.

PONTO DA CABOCLA JUSSARA

ponto da cabocla Jussara

Clarão ilumina a mata,
Chuva cai, rio não pára. (*bis*)
Saravá, umbanda linda,
Banda de Dona Jussara. (*bis*)

PONTOS DE CABOCLOS (EM GERAL)

Já dizia um Caboclo,
A umbanda é pra quem tem fé.
Ai de mim, meu bom Caboclo,
Sua força não engana ninguém.
Se o Caboclo é bom,
Bate palmas pra ele.
Se o Caboclo é bom,
Bate palmas pra ele. (*bis*)

Caboclo na mata trabalha
Com São Cipriano e Jacó. (*bis*)
Trabalha com chuva e com vento,
Trabalha com a lua e com o sol. (*bis*)

Caboclo, sua mata é verde,
É verde, é da cor do mar. (*bis*)
Saravá, cassuté da Jurema,
Saravá, cassuté da Jurema,
Saravá, cassuté da Jurema,
Juremá. (*bis*)

Que lindo Caboclo de penas, panaiá,
Que veio na umbanda saravá, é um panaiá. (*bis*)
É rei, é rei, é Rei do Panaiá.
É rei, é rei, é Rei do Panaiá. (*bis*)

Lá no Lajedo,
Onde caboclo mora, (*bis*)
Vestimenta de Caboclo
Sambambaia é só, (*bis*)
Sambambaia é só, auê
Sambambaia é só.

Salve os Caboclos
Quando vêm da aldeia. (*bis*)
Eles vêm da aldeia, aldeia,
Vem firmar na areia, areiá. (*bis*)

Caboclo comeu sapucaia,
Caboclo se embriagou. (*bis*)
Com as ervas da Jurema,
Caboclo se levantou.
Malha dendê, caboclo,
Caboclo, malha dendê. (*bis*)

Ele veio da sua cidade
Com a Estrela D'Alva no peito. (*bis*)
Quem foi quem deu,
Quem dá, quem daria,
Ele é filho da Virgem Maria. (*bis*)

De onde vêm os meus Caboclos?
Mas eles vêm da cidade da Jurema. (*bis*)
Mas eles vêm zoando, zoando.
Sacudindo seu penacho e levantando poeira. (*bis*)

Estrela, Sol e Lua
Que clareia o juremá, (*bis*)
Oi que valha-me todos os Caboclos,
De flecha e bodoque,
Oi que me valha Iara. (*bis*)

Tem Caboclo no mato,
Chama, chama, que ele vem.
Salve bacuro de umbanda,
Chama, chama, que ele vem.

Que linda andorinha
Tem no meu sertão.
Todo pássaro voa, andorinha,
Só a ema não!

Ele foi no mato caçar,
Sirió, sirió,
Mas quando é noite de luar,
Ele bate o pé, levanta o pó. (*bis*)

Caboclo que vem da mata,
Da mata traz seu poder. (*bis*)
Arreia, Caboclo, arreia,
Arreia que eu quero ver. (*bis*)

Apanha maracanã,
Ô mí táta, mirô,
Apanha folha por folha,
Ô mí táta, mirô,
Ele é filho da Jurema,
Ô mi táta, mirô,

Não deixa cair no chão,
Ô mí táta, mirô
Táta mirô!

Na sua aldeia tem os seus caboclos,
Na sua mata tem cachoeiras,
No seu saiote tem penas douradas,
Seu capacete brilha na alvorada.

Ele veio de tão longe,
Veio saravá o endá. (*bis*)
Bendito e louvado seja,
Ele é rei do Panaiá. (*bis*)
Bate o bumbo lá na aldeia, é á. (*bis*)

Vento ventou lá na mata,
Balanceou, folha caiu. (*bis*)
Quero ver, quero ver,
Quero ver quem inda não vi. (*bis*)

O meu pai é caboclo,
Quero ver balancear. (*bis*)
Arreia, arreia
Capangueiro da Jurema, ô Juremá. (*bis*)

PONTO DO CABOCLO ÁGUIA BRANCA

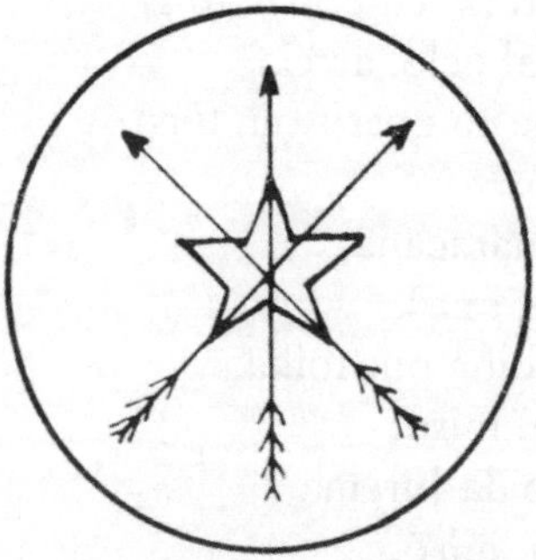

ponto do caboclo Águia Branca

Seu Águia Branca é um guerreiro,
Seu Águia Branca é bambe odé.
Seu Águia Branca é meu protetor,
Ele é meu caboclo de fé.

PONTOS DO CABOCLO AIMORÉ

ponto do caboclo Aimoré

Aimoré, Aimoré, odé
É Rei na mata
Aimoré, odé (*bis*)
Quando ele chega no reino,
Aimoré, odé
Ele vem da Aruanda,
Aimoré, odé

ponto do caboclo Aimoré

Aimoré é um caboclo valente
Valente aqui ou em qualquer lugar
Aimoré mora lá nas matas
Na mata virgem, lá no Juremá.

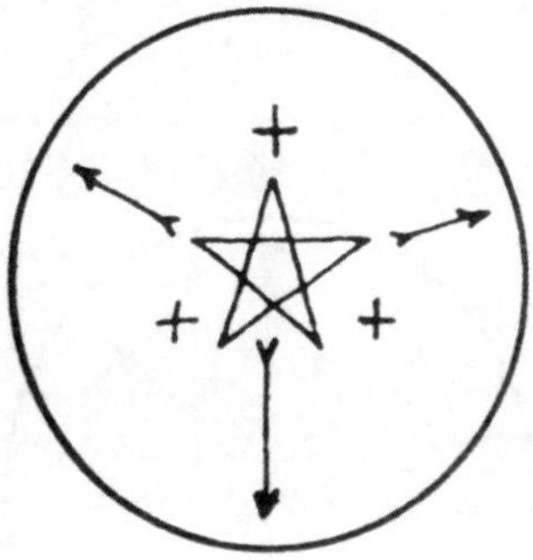

ponto do caboclo Aimoré

Caboclo velho maiondé,
Aê aê, maiondé
Caboclo velho maiondé,
Oi saravá seu Aimoré.

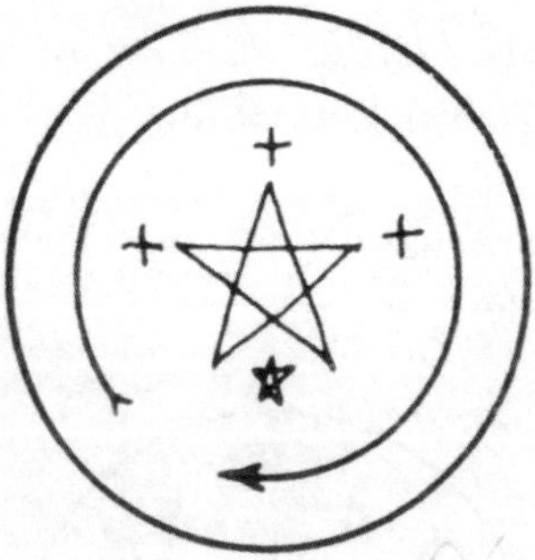

ponto do caboclo Aimoré

Caboclo da munhangaba,
Ele é táta mirô
Aimoré na sua vizála
Ele é táta mirô.

PONTO DO CABOCLO ARARANGUÁ

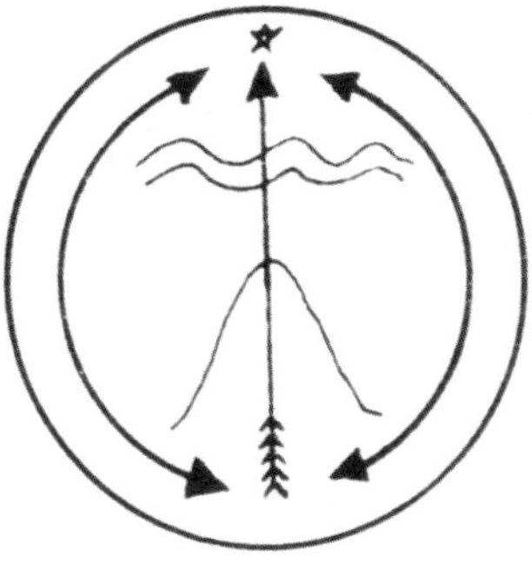

*ponto do caboclo Ararangu*á

Ele vem de longe,
Do alto da serra Morena. (*bis*)
Ele é Ararangu*á*,
Rei cassuté lá da Jurema (*bis*)

PONTOS DO CABOCLO ARARIBÓIA

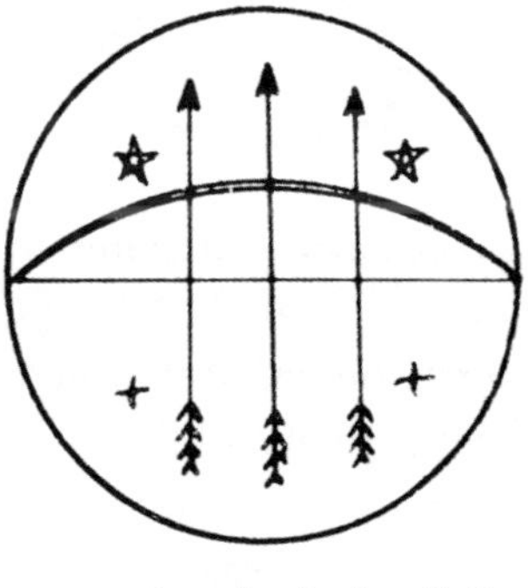

ponto do caboclo Araribóia

Estava em plenas matas quando tudo escureceu, (*bis*)
Trovejou lá no céu, mas chover não choveu. (*bis*)
Eu me perdi, seu Araribóia me achou, (*bis*)

Com sua flecha de ouro, meu caminho ele guiou. (*bis*)
O vento soprava forte e para o céu ele olhou, (*bis*)
E dando um brado mais forte, a mata clareou. (*bis*)
A mata clareou, a mata clareou,
A mata clareou, a mata clareou.
Saravá Araribóia, nosso mestre e protetor. (*bis*)
Quem anda com este caboclo não se perde, não senhor.
[(*bis*)
A mata clareou, a mata clareou,
A mata clareou, a mata clareou.
Ele é Araribóia, nosso mestre de instrução. (*bis*)
Eu ando com este caboclo dentro do meu coração. (*bis*)
A mata clareou, a mata clareou,
A mata clareou, a mata clareou.

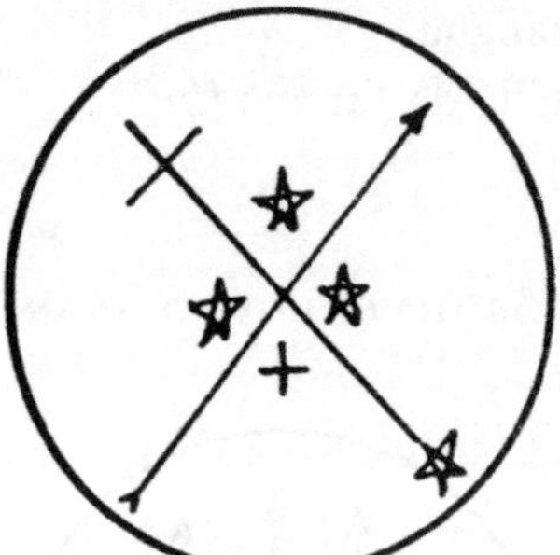

ponto do caboclo Araribóia

Um assovio passou na mata virgem,
Anunciando que raiava o dia.
Uma flecha linda riscou o firmamento, lá bem alto,
Do bodoque de Araribóia ela zunia.
Seu penacho é todo feito de estrelas,
Seu bodoque e sua flecha de indaiá.
Saravá Caboclo Araribóia, nesta banda,
Ele é nosso mestre, nosso guia, saravá. (*bis*)

PONTOS DO CABOCLO ARAÚNA

ponto do caboclo Araúna

Ele é caçador, é caçador,
É caçador não é adivinhador. (*bis*)
Ele veio de longe, veio caçar, (*bis*)
Ele é seu Araúna que vem saravá.

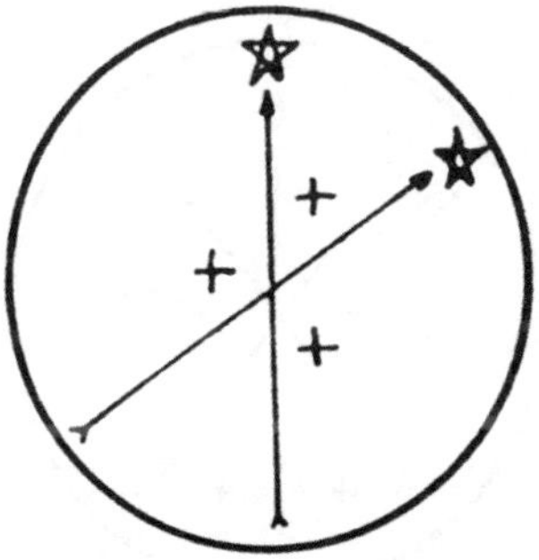

ponto do caboclo Araúna

Eu vi Caboclo bradando,
Eu vi a mata tremer. (*bis*)
Oi saravá, Caboclo Araúna,
Nas horas aflitas que venha me valer.

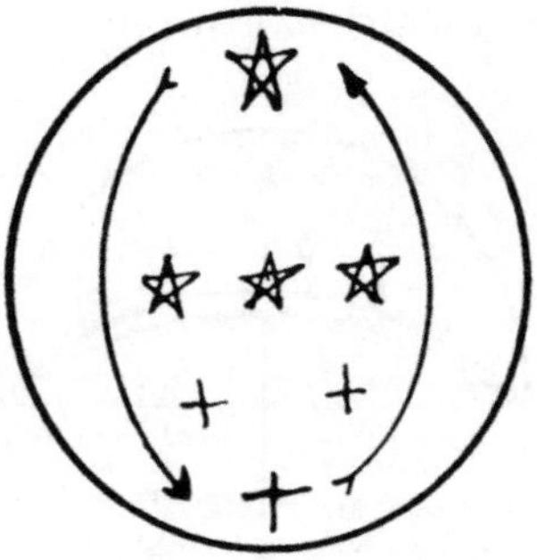

ponto do caboclo Araúna

Caboclo Araúna é Rei,
É Rei, Cacique, é Apanaiá. (*bis*)
Quando chega em sua banda, ele brada
Saravá, meu glorioso Oxalá. (*bis*)

PONTOS DO CABOCLO ARRANCA TÔCO

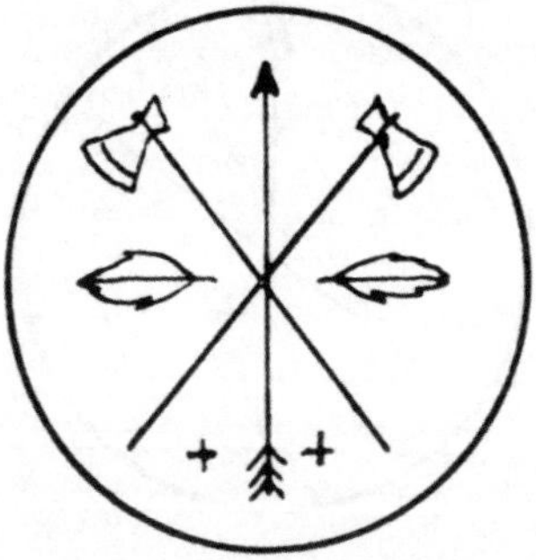

ponto do caboclo ArrancaToco

Seu Arranca Tôco coroou
Seu Tupi lá na Jurema.
Nesse dia, lá nas matas,
Foi um grande dia de festa.
Todos os caboclos se enfeitaram
Com as folhas da Jurema.

Oi saravá, seu Arranca Tôco,
Saravá seu bambi odé,
Oi que bamba o clime,
Oi que bambi odé. (*bis*)

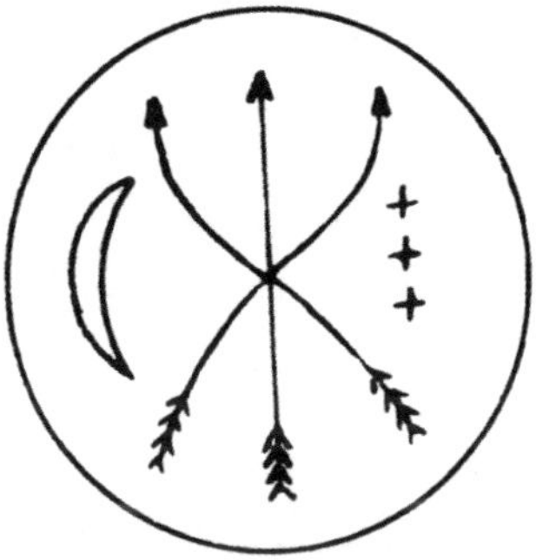

ponto do caboclo Arranca Toco

Seu Arranca Tôco é de umbanda,
É de maná zambé.
Quando ele vem lá de Aruanda,
Auê, auê é. (*bis*)

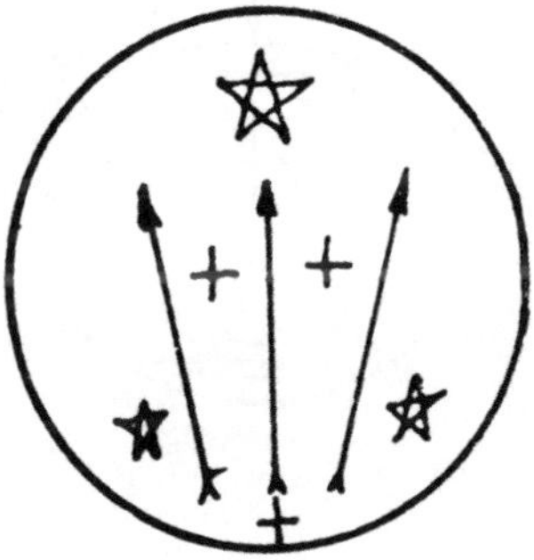

ponto do caboclo Arranca Toco

Caboclo bom é irmão do outro,
Um é Sete Flechas, outro Arranca Tôco.

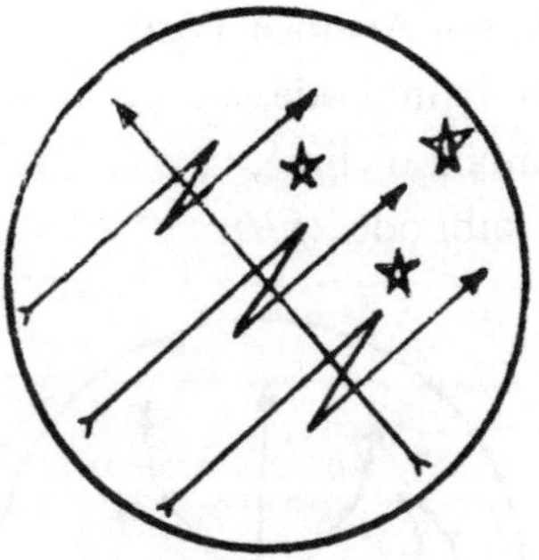

ponto do caboclo Arranca Toco

Canta, meu bom Caboclo
Brilha no seu endá. (*bis*)
Saravá, seu Arranca Tôco, bom Caboclo,
Que ganhou linda estrela de Oxalá.

PONTO DO CABOCLO ARRUDA

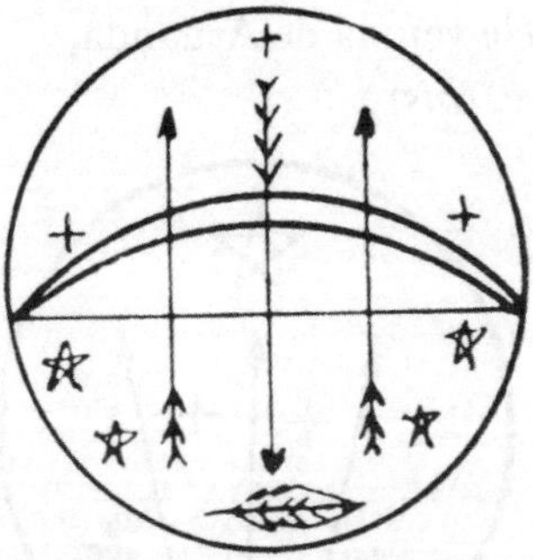

ponto do caboclo Arruda

Caboclo Arruda é um odé formoso.
Quando vem da umbanda, saravá o endá.
Ele é orirê,
Ele é orirá. (*bis*)

PONTO DO CABOCLO BUGRE

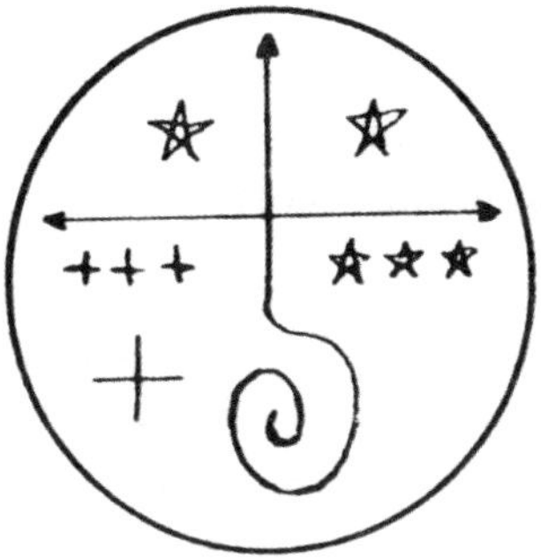

ponto do caboclo Bugre

O seu bodoque é de cipó,
A sua flecha é de indaiá.
Meu caboclo vem sereno,
Como o sereno é.
Saravá Caboclo Bugre,
Da sinda di mi santé.

PONTOS DO CABOCLO CAÇADOR

ponto do caboclo Caçador

Caça, caça, caçador,
Como é lindo ver caçar,
Caça, caça, caçador,

Caçador do Juremá
Caça, caça, caçador,
Como é lindo ver caçar,
Caça, caça, caçador,
Oi caça aqui, caça acolá.

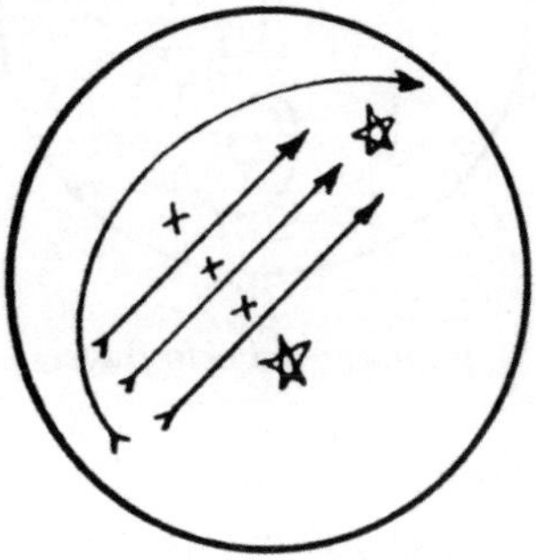

ponto do caboclo Caçador

Atira, Caboclo, atira,
Atira pra não errar. (*bis*)
Caboclo que atira na mata,
Seu Caçador, saravá o seu endá. (*bis*)

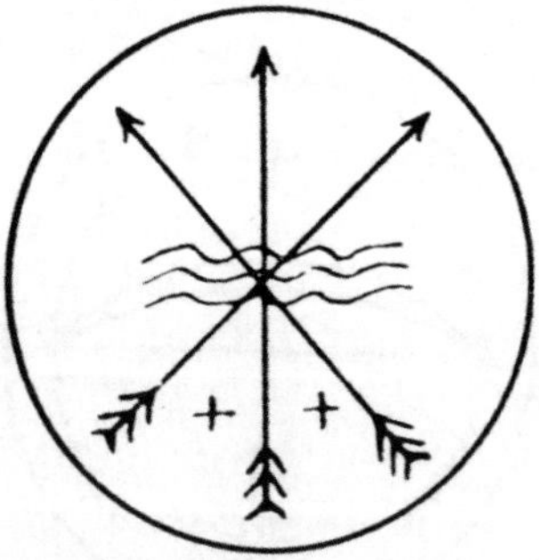

ponto do caboclo Caçador

O meu Pai é Seu Caçador,
Que não nega o seu natural. (*bis*)
Ele é Caboclo das águas claras,
Ele é Caboclo xetruá. (*bis*)

Caçador que caçou
A sua sabiá, (*bis*)
Que pousava no galho,
No galho da sua macaia. (*bis*)

PONTO DO CABOCLO CACHOEIRINHA

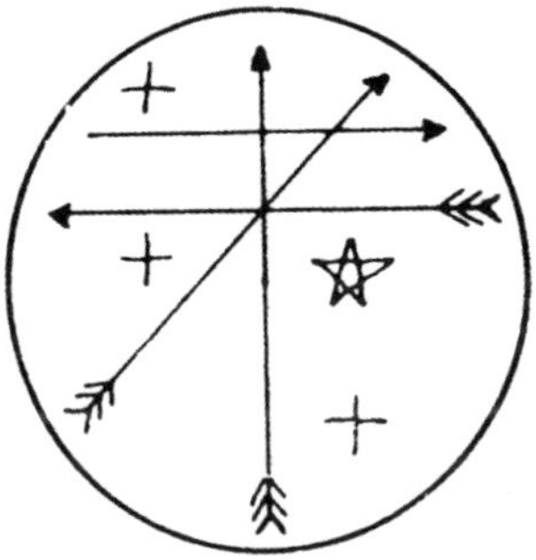

ponto do caboclo Cachoeirinha

A mata virgem escureceu,
Veio o luar e clareou.
Foi quando ouvi
A linda voz do Senhor,
Cachoeirinha é quem chegou. (*bis*)
Mas ele é rei, ele é rei, ele é rei,
Ele é um rei na mata virgem, ele é rei (*bis*)

PONTOS DO CABOCLO COBRA CORAL

ponto do caboclo Cobra Coral

Todos os Caboclos
Quando vêm da mata,
Trazem a cinta do Seu Cobra Coral. (*bis*)
É do Seu Cobra Coral,
É do Seu Cobra Coral. (*bis*)

ponto do caboclo Cobra Coral

Sucuri, jibóia,
Como vem beirando o mar. (*bis*)
Olha como brogoiô
Saravá seu Cobra Coral. (*bis*)

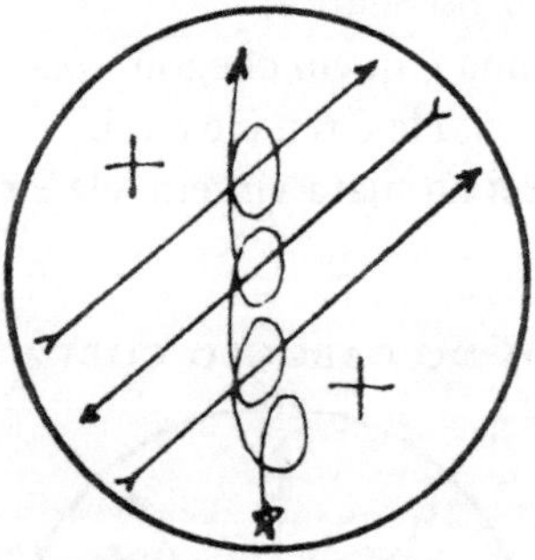

ponto do caboclo Cobra Coral

Cobra Coral é um Caboclo
Muito levado na mata. (*bis*)
Sua cobra jibóia
Quase que lhe mata.

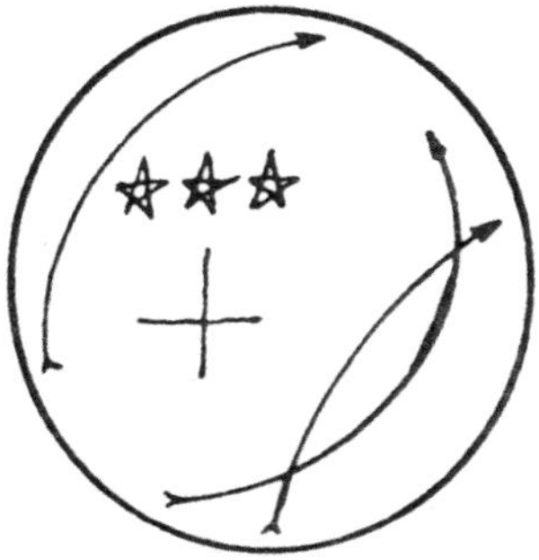

ponto do caboclo Cobra Coral

Zuará, Caboclo lindo,
Cobra Coral é um panaiá. (*bis*)
Arreia, Caboclo, arreia,
Cobra Coral é de Oxalá. (*bis*)

PONTO DO CABOCLO ESTRELA D'ALVA

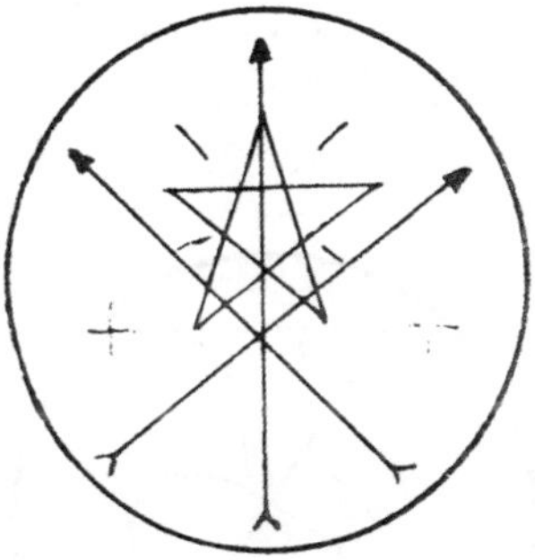

ponto do caboclo Estrela d'Alva

Vai, estrela tão brilhante,
que ilumina este gongá. (*bis*)
Oi vai buscar,
Estrela, vai buscar,
Com a permissão de Oxalá,
Oi vai buscar Seu Estrela D'Alva.

Pra vir na umbanda trabalhar,
Estrela brilhante.

PONTOS DO CABOCLO FLECHEIRO

ponto do caboclo Flecheiro

O Seu Flecheiro passeava na Jurema,
Estrela D'Alva iluminava a mata virgem, (*bis*)
Águas da Oxum corriam na cachoeira
Saravá, meu Pai Flecheiro,
E cassuté da Lei Suprema.

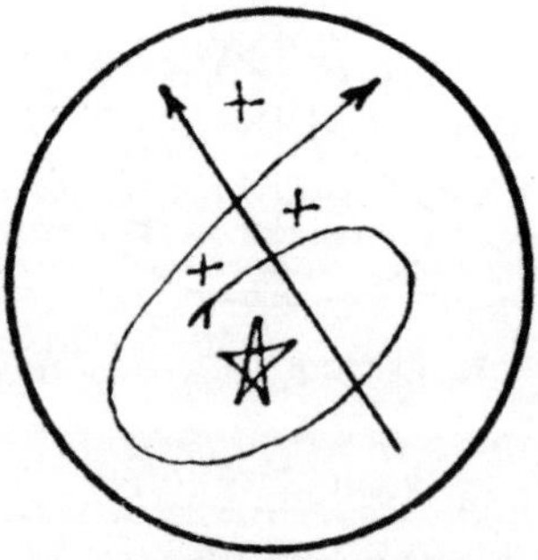

ponto do caboclo Flecheiro

Uma flecha zuniu no ar.
Quem seria tão forte arqueiro? (*bis*)

Quando estrela brilhou na mata virgem,
Pude ver o Caboclo Flecheiro.

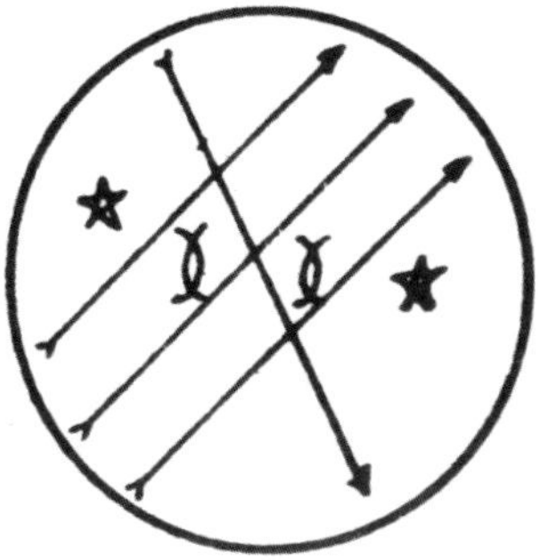

ponto do caboclo Flecheiro

Linda barquinha nova,
Que vem do mar de Lisboa,
Nossa Senhora vem dentro,
Seu Flecheiro vem na proa.

ponto do caboclo Flecheiro

Bumba na calunga,
Ele é Caboclo, ele é Flecheiro.
Bumba na calunga,
Amansador de feiticeiro.
Bumba na calunga,
Ele vem firmar seu ponto,

Bumba na calunga,
E vem firmar é na Angola.

PONTOS DO CABOCLO FLECHEIRO (LINHA CRUZADA)

Com sua flecha de apanaiá,
Ele é ligeiro. (*bis*)
Saravá sua linha cruzada, odé,
Ele é o Caboclo Flecheiro. (*bis*)

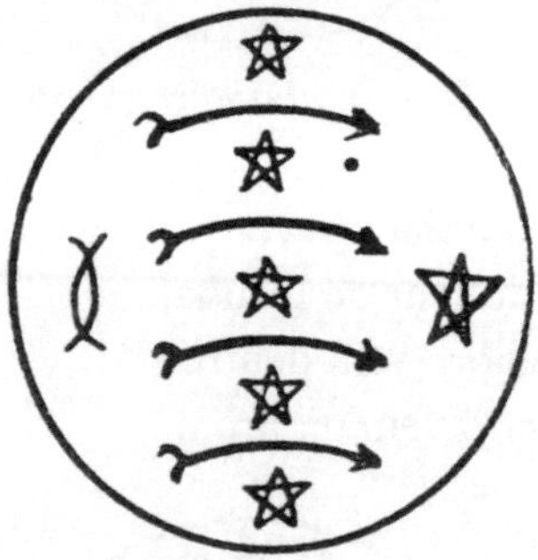

ponto do caboclo Flecheiro

Uma estrela cor de prata,
Brilhando anunciou, (*bis*)
Era um Caboclo que chegava,
Vinha a mando de Nosso Senhor. (*bis*)
Ele é Caboclo, ele é Flecheiro,
Ele é caçador,
Ele é Caboclo Boiadeiro,
Ele é laçador.

PONTO DO CABOCLO FOLHA SECA

ponto do caboclo Folha Seca

O vento ventou lá nas matas,
Jogando as folhas secas no chão. (*bis*)
O vento já parou, a folha já caiu,
Seu Folha Seca apanhou uma na mão.

PONTOS DO CABOCLO FOLHA VERDE

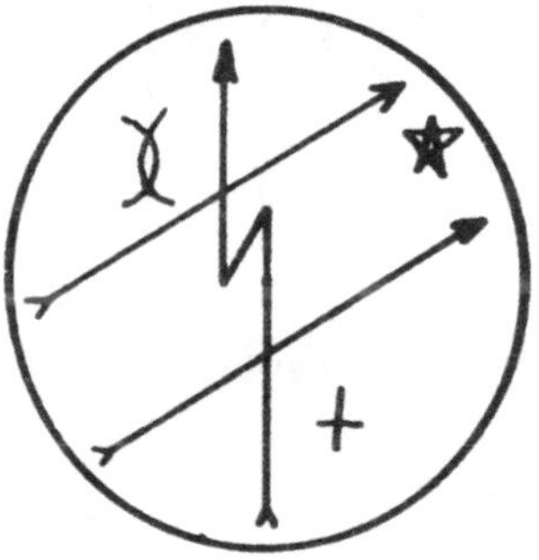

ponto do caboclo Folha Verde

Folhas verdes da palmeira,
Como brilham no luar. (*bis*)
Folha Verde é caçador,
Caçador da Jurema, do juremá. (*bis*)

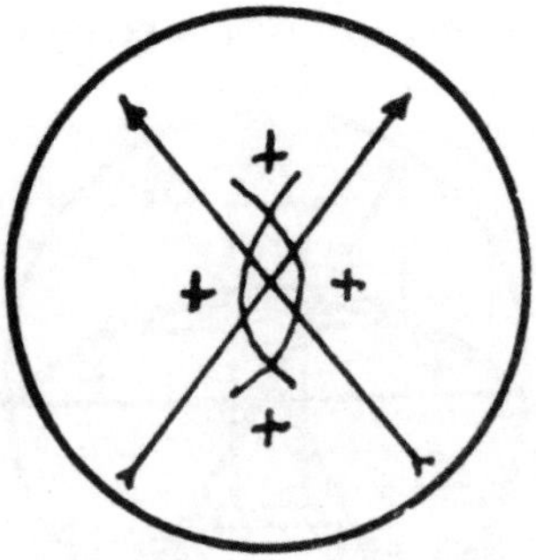

ponto do caboclo Folha Verde

Os rios da Oxum são muito largos,
Lagoas de Iara matam a sede. (*bis*)
Saravá este Terreiro de umbanda, saravá,
Saravá meu bom Caboclo Folha Verde. (*bis*)

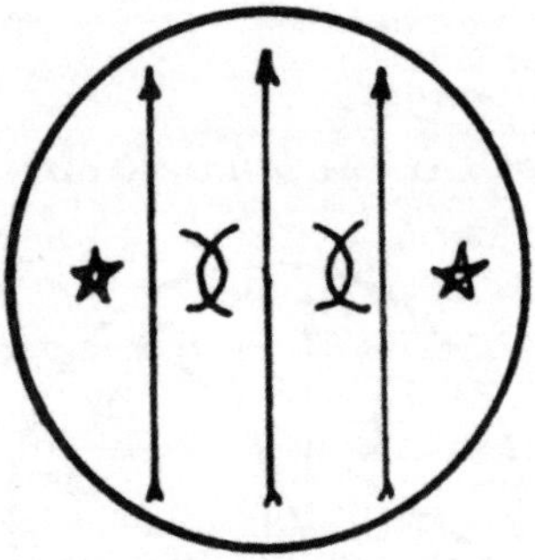

ponto do caboclo Folha Verde

Temporal passou na mata,
Meu Deus, mas que ventania! (*bis*)
Era o Caboclo Folha Verde
Que bradava ao romper do dia. (*bis*)

PONTO DO CABOCLO GIRA-SOL

ponto do caboclo Gira-Sol

Um dia lá na mata eu vi
Um caboclo guerreiro
Que vinha de longe,
Lá do Juremá.
Era tão lindo
Como a luz do arrebol,
Com uma cruz na mão direita,
Era o Caboclo Gira-Sol.

PONTOS DO CABOCLO GRAJAÚNA

Voou, voou, meu passarinho azulão. (*bis*)
Quem está na gira é caboclo,
Anjos do céu dão a mão.
Salve Caboclo Grajaúna,
Com sua flecha na mão.

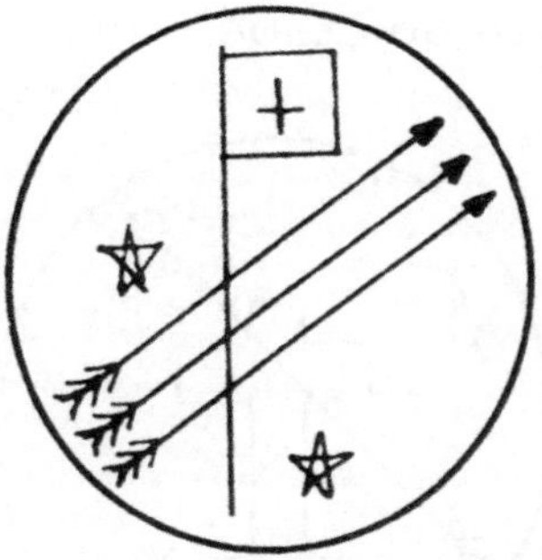

ponto do caboclo Grajaúna

Seu Grajaúna é caboclo valente,
Ele é Caboclo em qualquer lugar,
Mas só apanha a folha da Jurema
Com ordem suprema de Pai Oxalá.

PONTOS DO CABOCLO GUARANI

Eu vi nas matas, um dia,
Seu Guarani sentado na pedra fria. (*bis*)
Ele cantava, ele assoviava
E lá no céu uma estrela brilhava.

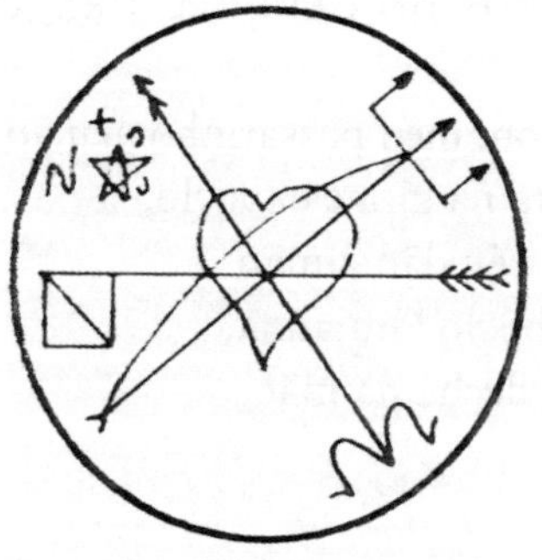

ponto do caboclo Guarani

Há quanto tempo eu não via,
Seu Guarani numa umbanda, (*bis*)
Até que chegou o dia,
Seu Guarani agora é quem manda. (*bis*)

Seu Guarani é tata de Arucaia,
Seu penacho tão lindo não me nega. (*bis*)
Eu sou filho do Caboclo Guarani,
Coruja não me azara e a cobra não me pega. (*bis*)

PONTOS DO CABOCLO GUINÉ

ponto do caboclo Guiné

Caboclo, Caboclo,
Ele é o Seu Guiné, (*bis*)
O seu pai é rei, ele é príncipe, é. (*bis*)

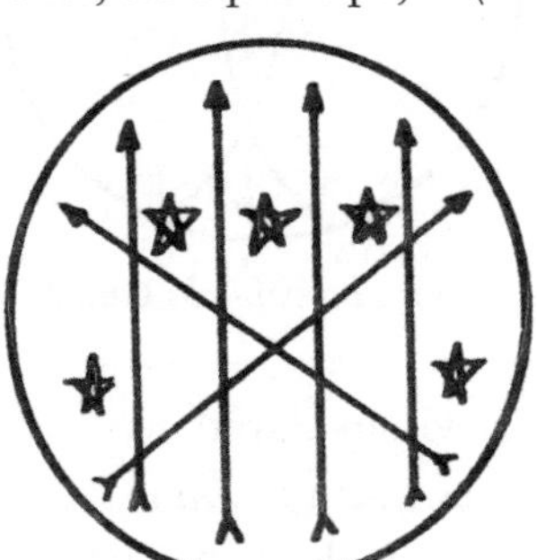

ponto do caboclo Guiné

É banda, é banda
É banda, é banda, é banda é. (*bis*)
Sua banda é de ouro, é
Sua banda é de ouro, é
Seu cocar é dourado,
Saravá o Caboclo Guiné.

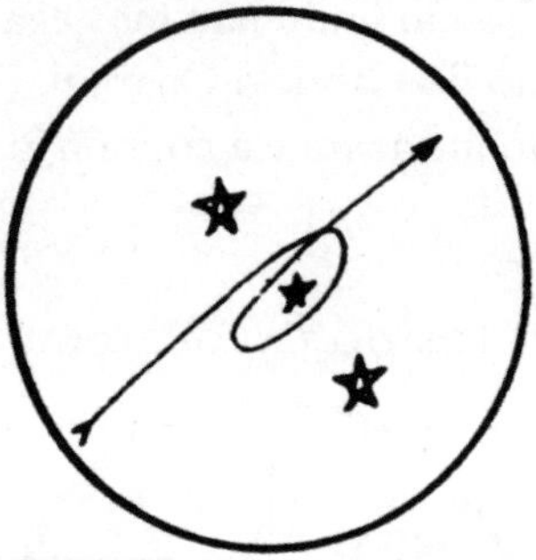

ponto do caboclo Guiné

Meu Pai é o Caboclo Guiné,
Meu Pai é o Caboclo Guiné,
Vencedor de demandas,
Não perco a sua fé.

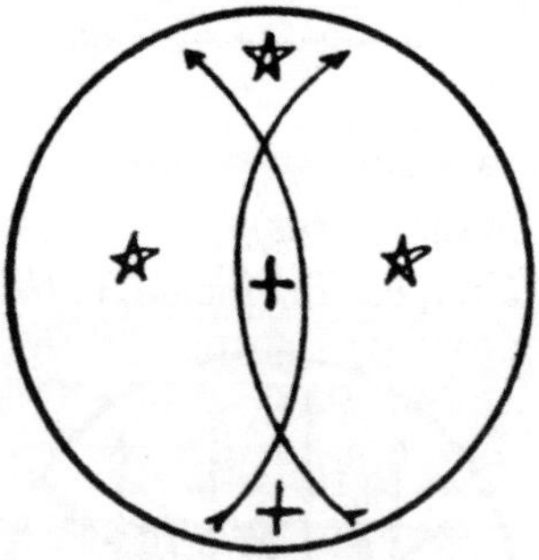

ponto do caboclo Guiné

Em alto-mar vi um clarão,
Corri para ver quem é. (*bis*)
Vi um lindo Caboclo de penacho, banda odé,
Seu nome era Caboclo Guiné. (*bis*)

PONTO DO CABOCLO GUINÉ (LINHA CRUZADA)

Lá no alto da serra,
Tem uma linda floresta.
Também tem uma linda cabana,
Mas ela é do Caboclo Guiné. (*bis*)
Saravá todos os Caboclos,
Salve o Seu Vence Demandas.
Saravá todos os Caboclos,
Que pertencem a esta linda umbanda.

PONTO DO CABOCLO INDAIAÇU

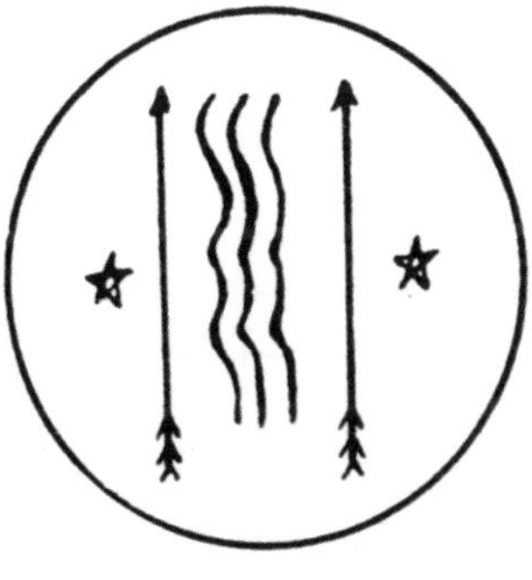

ponto do caboclo Indaiaçu

Estrela que alumeia o Céu,
Estrela que clareia a Aruanda, (*bis*)
Estrela que ilumina a mata virgem,
Clareou Indaiaçu na umbanda. (*bis*)

PONTO DO CABOCLO ITANHANGÜERA

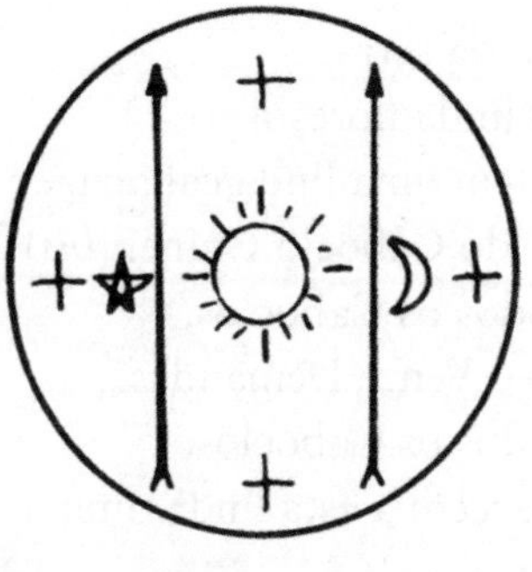

ponto do caboclo Itanhangüera

Na mata ou em demanda,
Ele luta e não medra.
É forte no arco-e-flecha,
Seu brado racha a pedra. (*bis*)

PONTO DO CABOCLO JAGUARÉ

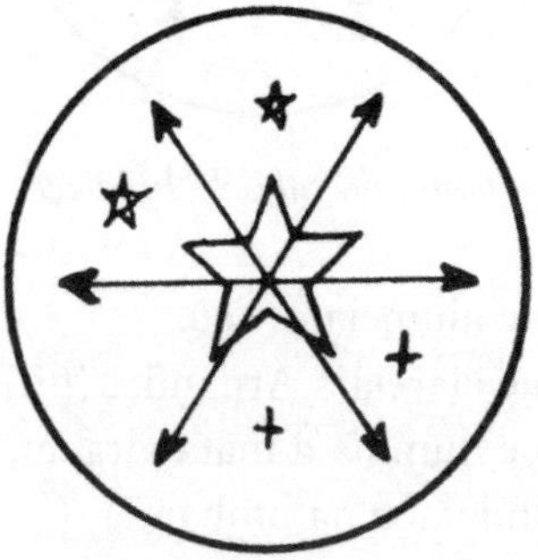

ponto do caboclo Jaguaré

Uma estrela brilhou no céu.
Meu Deus, me diga quem é. (*bis*)
Saravá, Terreiro de umbanda,
Vai chegar Caboclo Jaguaré. (*bis*)

PONTO DO CABOCLO JIBÓIA

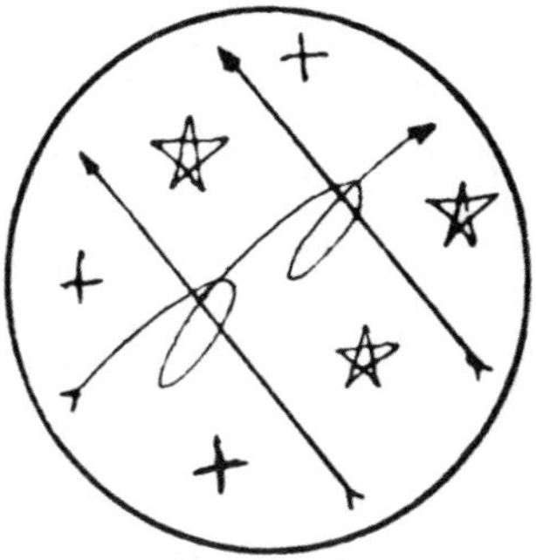

ponto do caboclo Jibóia

Seu Jibóia tem sua cinta,
A coral é seu laço. (*bis*)
Óia zúa, quizúa quizúa aê,
Seu Jibóia mora na mata. (*bis*)

PONTO DO CABOCLO JUPIARA

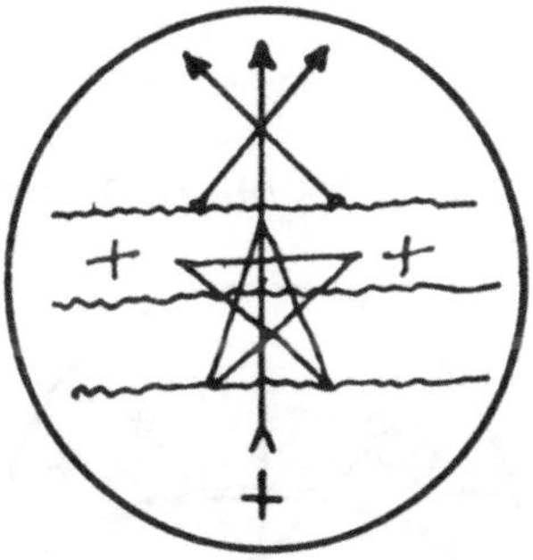

ponto do caboclo Jupiara

É hora, é hora,
É hora de bambi oclime, é hora. (*bis*)
É hora de bambi oclime é hora.
É hora de Jupiara é hora.
Umbanda é hora.

PONTO DO CABOCLO LAMBARI

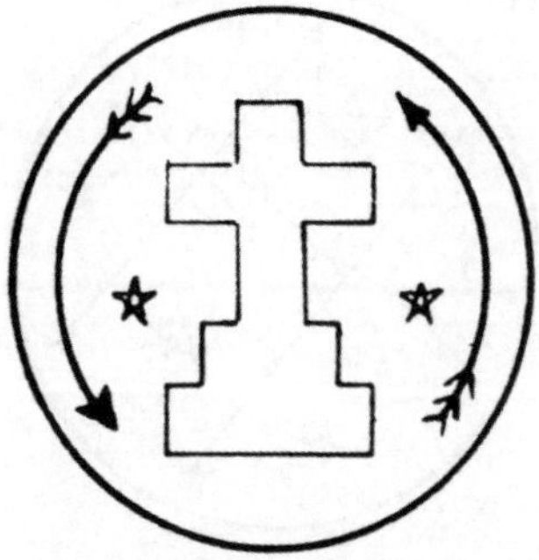

ponto do caboclo Lambari

Lá no mato tem, Odé,
Lá no mato mora.
Lambari de Ouro
Tá puxando tora.
Lambari de Ouro
Tá puxando tora.
Ele é caboclo de Deus e Nossa Senhora.

PONTO DO CABOCLO LÍRIO

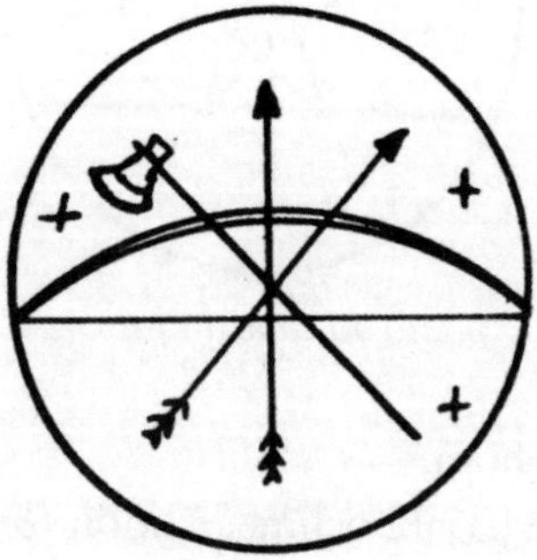

ponto do caboclo Lírio

Caboclo Lírio é um lindo apanaiá,
As suas flechas trazem proteção (*bis*)
Como clareou, como clareou,
Uma choupana onde Oxóssi mora.

PONTOS DO CABOCLO MATA VIRGEM

ponto do caboclo Mata Virgem

Caboclo da Mata Virgem
Quando firma ponto não erra.
Na sua terra,
Auê, auê, na mata virgem,
Quando firma ponto não erra,
Na sua terra.

Seu Mata Virgem é Pai,
E chefe de gongá (*bis*)
Vamos pedir, vamos implorar
Que Deus dê proteção para seu Juremá.

PONTO DO CABOCLO OGUM DAS MATAS

ponto do caboclo Ogum das Matas

Que cavaleiro é aquele
Que vem cavalgando pelo céu azul?
É Caboclo Ogum das Matas,
Que vem defendendo o Cruzeiro do Sul.
Ê rerê, o cangira, é rerá.
Ê rerê, o cangira, pisa na umbanda. (*bis*)
Seu Cangira é Rei de umbanda,
Seu Cangira vem saravá.
Seu Cangira traz pros filhos
A proteção de Oxalá, seu Cangira,
Ê rerê, ê cangira, ê rerá,
Ê rerê, Seu Cangira, pisa na umbanda. (*bis*)

PONTOS DO CABOCLO PEDRA BRANCA

ponto do caboclo Pedra Branca

Espia o que corre no céu
E veja aonde vai parar. (*bis*)
Mas ele é seu Pedra Branca na umbanda,
E ele é rei caçador de Orubá. (*bis*)

ponto do caboclo Pedra Branca

Foi no clarão da lua,
Na manhã serena,
Que ele veio para cá (*bis*)
Ele é o Caboclo Pedra Branca
E é filho de Oxalá.
E vem com ordem da Virgem Maria
E traz consigo a sua estrela guia. (*bis*)

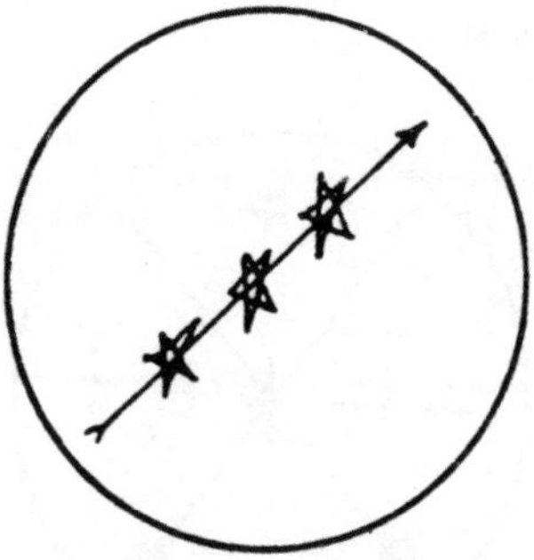

ponto do caboclo Pedra Branca

Com sua flecha de ouro,
Com seu bodoque de prata,
Ele é Seu Pedra Branca,
Caninana não lhe mata.

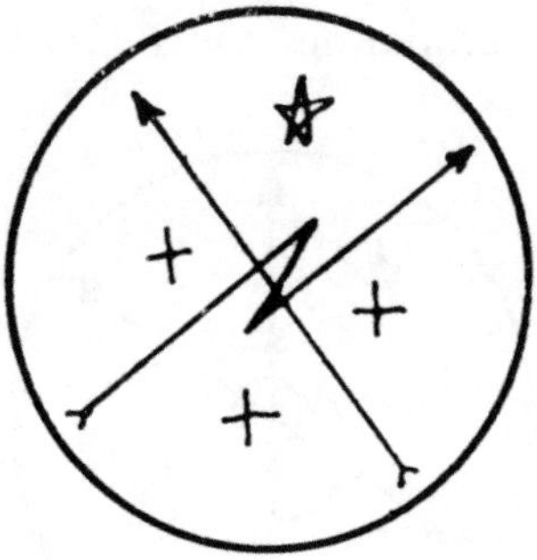

ponto do caboclo Pedra Branca

Eu vi estalar o mato,
Sucuri mexer.
O que tem Seu Pedra Branca
Que não quer descer?

PONTO DO CABOCLO PEDRA PRETA

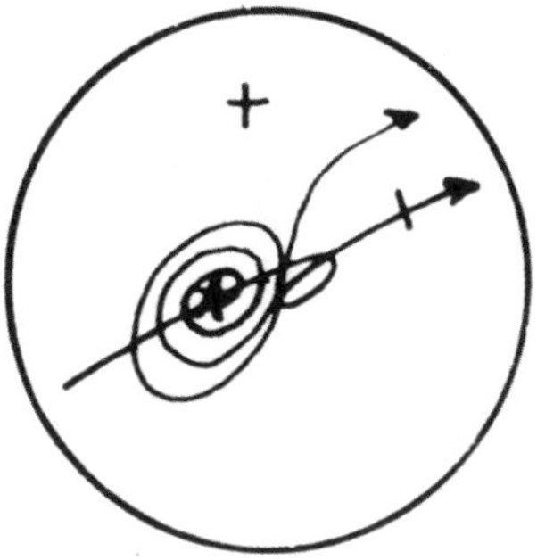

ponto do caboclo Pedra Preta

Seu Pedra Preta, na umbanda,
É filho do Redentor. (*bis*)
Quando ele vem da sua aldeia para saravá,
Traz ordem de Oxalá. (*bis*)

PONTOS DO CABOCLO PEDRA ROXA

ponto do caboclo Pedra Roxa

Oxóssi é! Oxóssi é!
Oxóssi é meu bom Jesus de Nazaré.
Oxóssi é meu bom Jesus de Nazaré.
Seu Pedra Roxa é bom Jesus de Nazaré.

ponto do caboclo Pedra Roxa

Seu Pedra Roxa, da pele morena,
Ele é Caboclo Cassuté lá da Jurema
Ele jurou e há de jurar
Pelos bons conselhos que a Jurema pode dar.

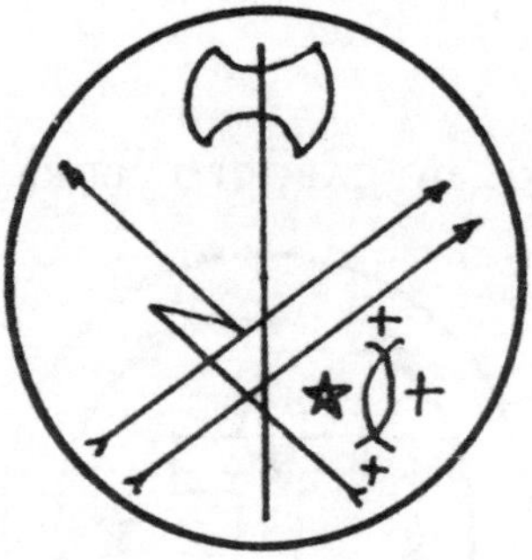

ponto do caboclo Pedra Roxa

Lá na mata virgem,
Onde meu Pai é Caboclo,
Onde mora Pedra Roxa,
A sucuri piou, a sucuri piou.
Oquê, oquê oquê coquê
Oquê, oquê oquê, coquê coquê coquê á. (*bis*)

PONTO DO CABOCLO PENA AZUL

ponto do caboclo Pena Azul

A sua flecha
Quem lhe deu foi Oxóssi,
A sua lança
Quem lhe deu foi Ogum,
E a estrela que brilha
Em seu capacete
Veio do manto de Mãe Oxum.
Saravá Ogum,
Saravá Oxum,
Quem vai chegar de Aruanda
É o Caboclo Pena Azul.

PONTOS DO CABOCLO PENA BRANCA

ponto do caboclo Pena Branca

No céu nasceu uma estrela,
Oi, que clareia seu Pena Branca na mata. (*bis*)
No centro da mata virgem, onde ele mora,
Caiu uma chuva de prata. (*bis*)

ponto do caboclo Pena Branca

Seu Pena Branca foi caçar,
Foi lá nas matas da Jurema.
Caçou, caçou, caçou,
Até que uma coral piou.

PONTO DO CABOCLO PENA VERDE

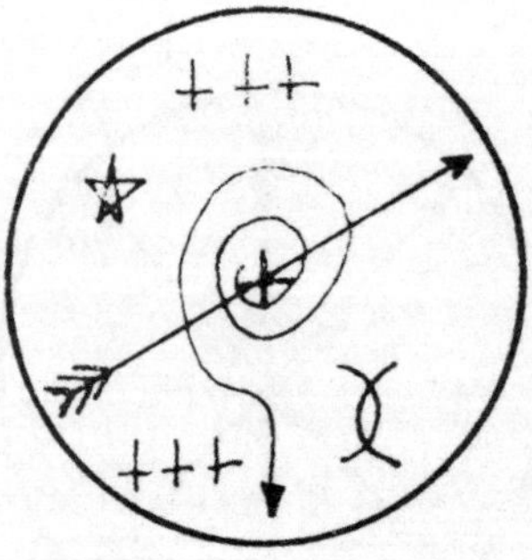

ponto do caboclo Pena Verde

Ele veio da sua mata,
Veio saravá o gongá
Suassuna é Pena Verde,
Aqui e em qualquer lugar.

PONTOS DO CABOCLO PIRAÍ

Seu Piraí é um caboclo cismado,
Com sua flecha na mão
E seu bodoque de lado.
Na mata virgem um sabiá cantou,
Ele atirou numa coral que piou.

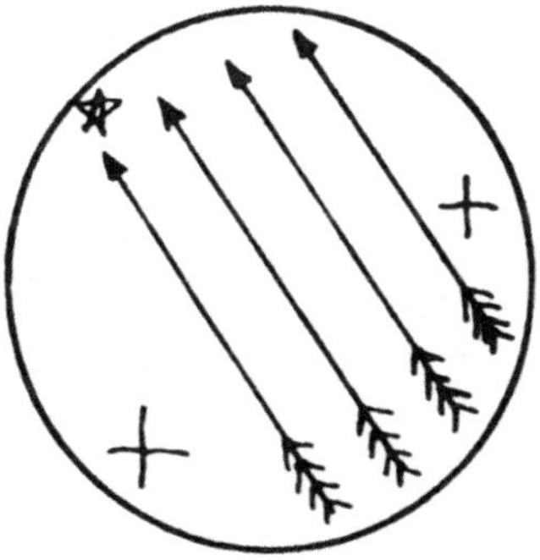

ponto do caboclo Piraí

O sabiá cantou,
E lá na mata anunciou
A juriti
Pra salvar Oxóssi,
Meus Caboclos,
Chegou seu Piraí.
Quando ele vem,
Com seu bodoque,
Com sua flecha
Saravá meu Pai Oxóssi.

PONTOS DO CABOCLO REI CAÇADOR

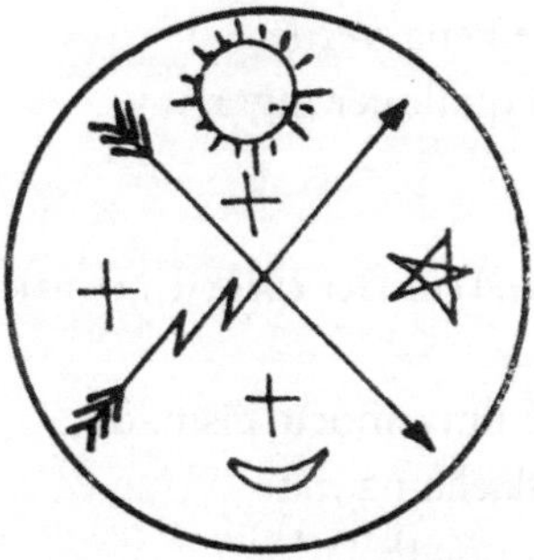

ponto do caboclo Rei Caçador

Rei Caçador, na beira do caminho,
Oi não me mate esta coral na estrada,
Ela abandonou sua choupana, caçador,
Foi no romper da madrugada, Rei Caçador.

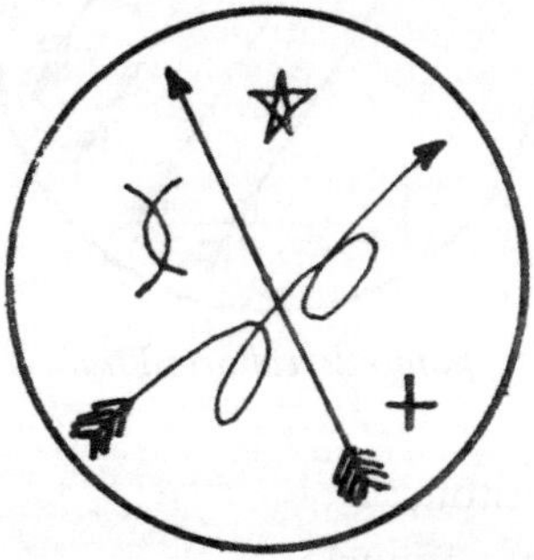

ponto do caboclo Rei Caçador

Rei Caçador é caçador,
É caçador lá da Jurema,
Mas ele veio de tão longe
E veio pra caçar a ema, Rei Caçador.

PONTO DO CABOCLO REI DA FLORESTA

ponto do caboclo Rei da Floresta

Sentado no seu toco,
Onde a jibóia mora, (*bis*)
Aí está Rei da Floresta,
Ele tarda mas não demora. (*bis*)

PONTO DO CABOCLO REI DA GUINÉ

ponto do caboclo Rei da Guiné

O seu saiote é carijó,
A sua flecha é de indaiá
Todos os caboclos vêm sereno,
Como o sereno é.

Oxóssi é Rei da macaia,
Oxóssi é Rei da Guiné.
Ele atirou e sua flecha zuniu,
Rei da Guiné é quem sabe,
Onde a flecha caiu.

PONTO DO CABOCLO REI DA MATA

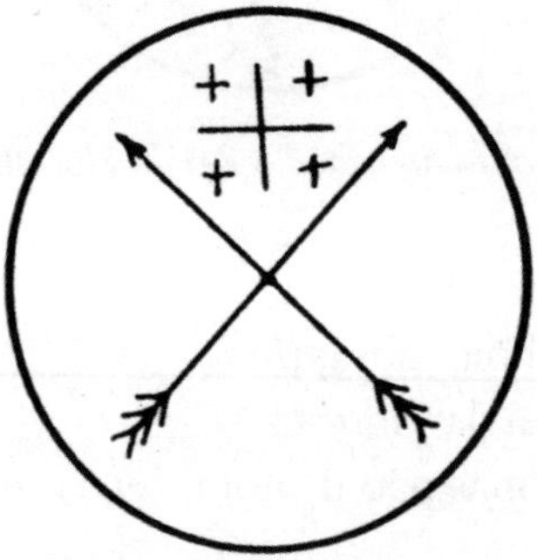

ponto do caboclo Rei da Mata

Naquela mata um sabiá cantou,
Um lírio branco floresceu,
Todos os caboclos saravou Xangô,
Seu Rei das Matas apareceu.
Mas ele é um Rei, é um rei, é um rei,
Seu Rei da Mata, na umbanda é um Rei. (*bis*)

PONTO DO CABOCLO ROMPE MATO

ponto do caboclo Rompe Mato

Foi numa tarde serena,
Lá nas matas da Jurema,
Ouvi um Caboclo bradar, (*bis*)
Bradou, quiô, quiô, quiô, quiéra
Sua mata está em festa,
Chegou o Seu Rompe Mato,
Ele é rei na floresta. (*bis*)

PONTO DO CABOCLO SARACUTINGA

ponto do caboclo Saracutinga

Saracutinga é um Caboclo de penas,
Saracutinga ele é caçador.
Saracutinga, quando veio da Jurema,
Vem trazendo a corrente de nagô.

PONTO DO CABOCLO SERRA NEGRA

ponto do caboclo Serra Negra

Seu Serra Negra vem chegando de Aruanda,
Trazendo pomba pra salvar filhos de umbanda.
Ele é guerreiro, é flecheiro, atirador,
Na sua mata, Serra Negra é caçador. (*bis*)

PONTO DO CABOCLO SERRA VERDE

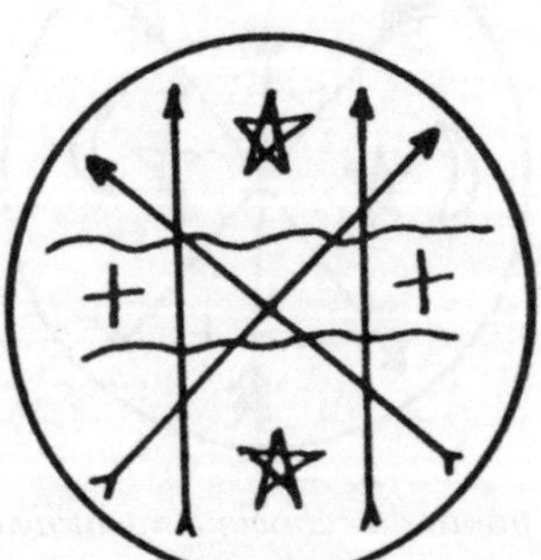

ponto do caboclo Serra Verde

Oi, tava na mata, tava trabalhando, (*bis*)
Seu Serra Negra passou me chamando.
Agô, agô, onde é que mora,
Ele mora na mata de Nossa Senhora. (*bis*)
Oi, ele vem,
Ele vem pra trabalhar,
Ele é Serra Verde, é de tribo guará.

PONTO DO CABOCLO SETE CACHOEIRAS

ponto do caboclo Sete Cachoeiras

Ele vem de longe,
Da cidade da Jurema. (*bis*)
Ele é Sete Cachoeiras
E vem com ordem suprema. (*bis*)

PONTO DO CABOCLO SETE ENCRUZILHADAS

ponto do caboclo Sete Encruzilhadas

Sua aldeia estava em festa,
Sua taba toda iluminada.
Saravá o rei da umbanda,
Salve Sete Encruzilhadas. (*bis*)

PONTOS DO CABOCLO SETE ESTRELAS

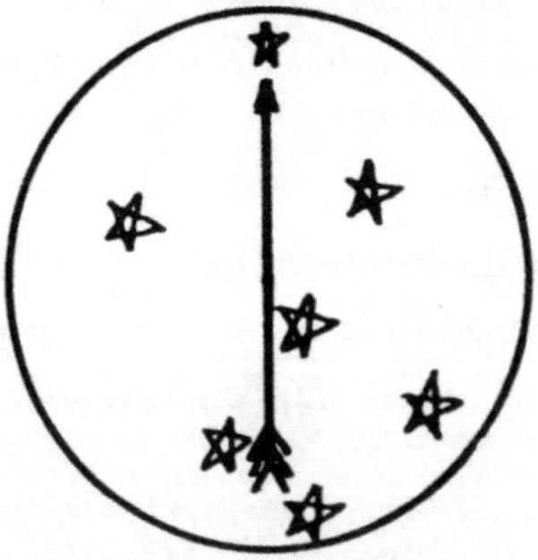

ponto do caboclo Sete Estrelas

Sete Estrelas é caboclo no céu,
Sete Estrelas é caboclo na terra. (*bis*)
Ele não desce do céu sem coroa
Nem sem a sua munanga de guerra.

ponto do caboclo Sete Estrelas

Nossa mata tem folhas,
Tem Sete Estrelas
Que nos alumia.
Alumeia o mundo, estela,
Alumeia o mundo, estrela. (*bis*)

PONTO DO CABOCLO SETE FLECHAS

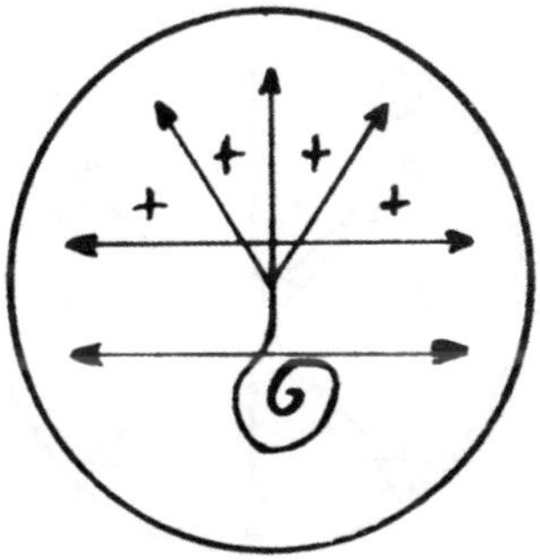

ponto do caboclo Sete Flechas

E lá vem vindo, e lá vem só,
E lá vem vindo uma força maior. (*bis*)
E lá vem vindo, lá vem vindo, lá vem só,
Seu Sete Flechas é uma força maior.

PONTO DO CABOCLO SETE LAGOAS

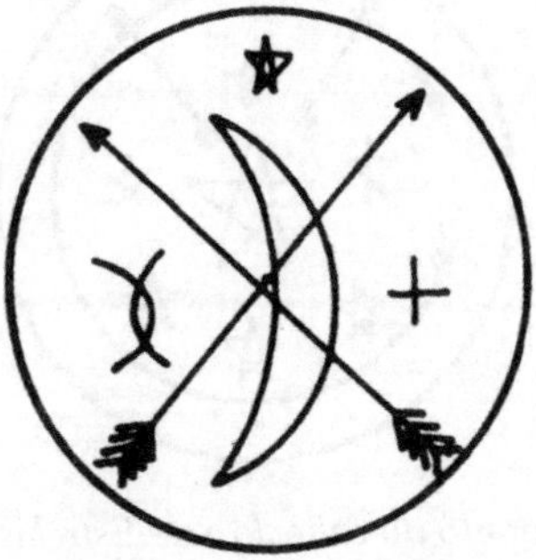

ponto do caboclo Sete Lagoas

As nuvens lá no céu passando,
Estrela sempre a brilhar,
Sete Lagoas vai chegar no reino,
Com ordem suprema de Pai Oxalá.

PONTO DO CABOCLO SETE MONTANHAS

ponto do caboclo Sete Montanhas

Xangô brada na pedreira,
Seu machado de ouro não se apanha. (*bis*)
Ele é rei, mas ele é um rei na umbanda.
Saravá meu filho, Caboclo Sete Montanhas. (*bis*)

PONTOS DO CABOCLO SETE NÓS DA GUINÉ

Quando ele brada na serra,
E a sereia no mar,
Ele é seu Sete Nós,
Pra todos os filhos do mar.
Sua jibóia está no rio,
E a sereia no mar,
Ele é seu Sete Nós,
Pra todos os filhos do mar.

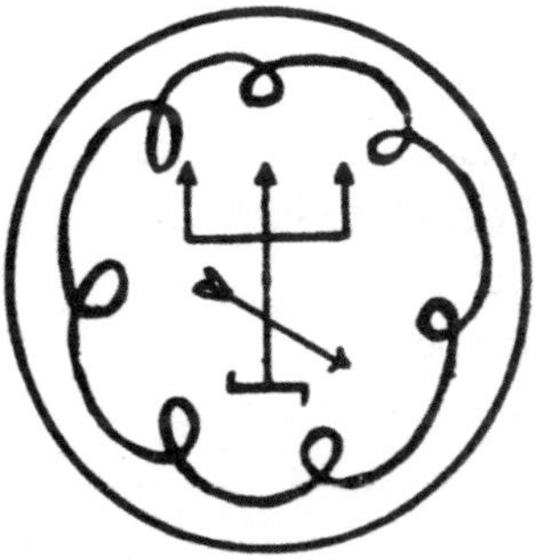

ponto do caboclo Sete Nós da Guiné

Seu Sete Nós foi à caçada, ê ê
Seu Sete Nós veio da caçada, é á,
Ele caçou foi um pavão,
Foi no romper da madrugada,
E com a pena mais formosa
Ele enfeitou a sua taba. (*bis*)

PONTO DO CABOCLO SETE PEDREIRAS

ponto do caboclo Sete Pedreiras

Na sua aldeia,
Lá na Jurema,
Tem o Caboclo Sete Pedreiras.
Na lua nova
Lava as suas penas
Embaixo das sete cachoeiras.

PONTO DO CABOCLO TIRA TEIMA

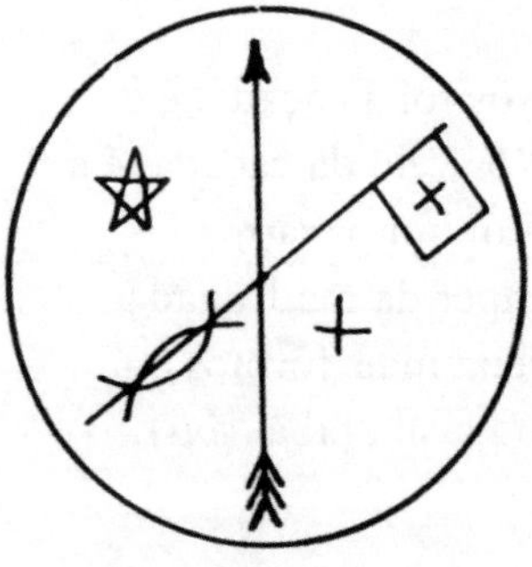

ponto do caboclo Tira Teima

Quando a mata pega fogo,
Sua choupana não se queima.
Saravá sua flecha, seu bodoque,
Sua bênção, Caboclo Tira Teima.

PONTO DO CABOCLO TREME TERRA

ponto do caboclo Treme Terra

Quando ele chega na umbanda,
Ele brada quiô, quiô, quiô, quiô
Ele é o Caboclo Treme Terra, veio da sua aldeia.
Quando ele firma seu ponto, meu Pai,
Oi, ele não bambeia.

PONTO DO CABOCLO TUPAÍBA

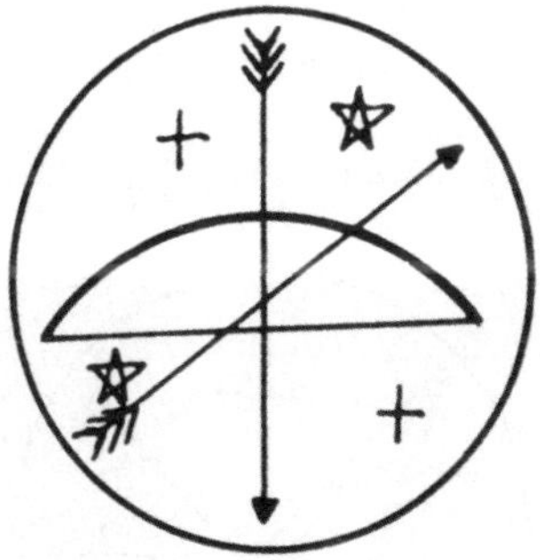

ponto do caboclo Tupaíba

Ele atirou,
Ele atirou, ninguém viu.
Seu Tupaíba é quem sabe
Onde a flecha caiu.

PONTO DO CABOCLO TUPÃ

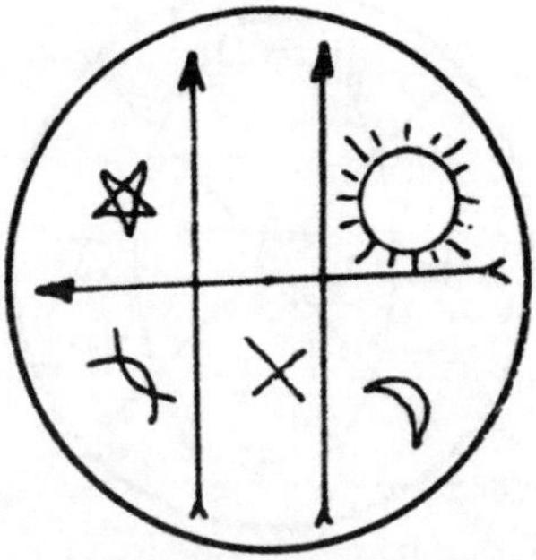

ponto do caboclo Tupã

Deus, que Deus pode,
Deus manda.
Tupã ainda é Rei
De sua banda.
Ô salve o Sol,
Salve a lua e as estrelas,
Salve os Caboclos,
Que são filhos da Jurema.

PONTO DO CABOCLO TUPI

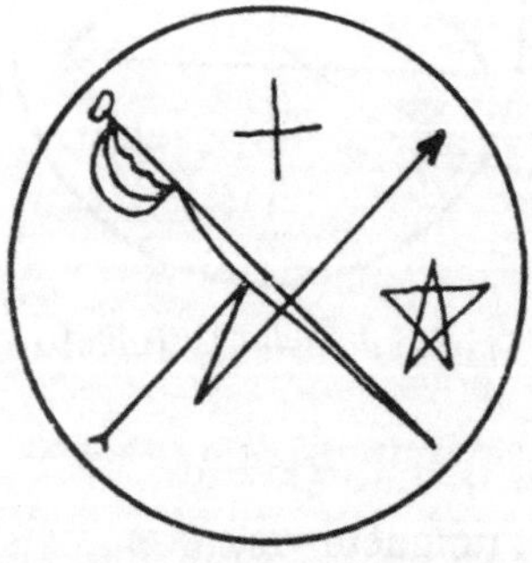

ponto do caboclo Tupi

Com sete dias de nascido,
A minha mãe me abandonou
Nas folhas secas da Jurema,
Foi Tupi quem me criou. (*bis*)
Estrela D'Alva é nossa guia
Que corre o mundo sem parar;
Ilumina a mata virgem
Cidade do Juremá. (*bis*)

PONTOS DO CABOCLO TUPINAMBÁ

Piava, piava,
Piava de arrepiar.
Era uma enorme jibóia
Enrolada no bodoque de Tupinambá.

ponto do caboclo Tupinambá

Lá na Jurema
Aonde canta o rouxinol,
Aonde tem estrela guia,
Aonde tem clarão da lua,
Aonde tem raiar do sol.
Lá na Jurema,
Com permissão de Oxalá,
Eu vi chegar um Caboclo

Que vem na mesa de umbanda
A seus filhos saravá.
Auê, ê, ê, á,
Viva a umbanda,
Viva Seu Tupinambá.

PONTO DO CABOCLO TUPIRACI

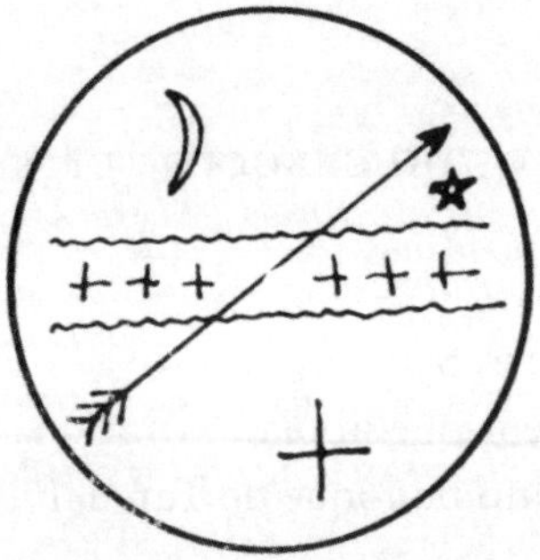

ponto do caboclo Tupiraci

Mas ele vem colher as rosas
Que neste reino tem.
Ele é Seu Tupiraci,
Que só pratica o bem.

PONTOS DO CABOCLO UBIRAJARA

ponto do caboclo Ubirajara

Corta a língua, corta mironga,
Corta a língua de falador;
Aonde ele pisa, não há embaraço,
Ele é Ubirajara, do peito de aço.

ponto do caboclo Ubirajara

Meu Deus, que penacho é aquele?
É um penacho de arara. (*bis*)
Quando rompe a mata virgem,
Quando rompe a mata virgem,
É Caboclo Ubirajara. (*bis*)

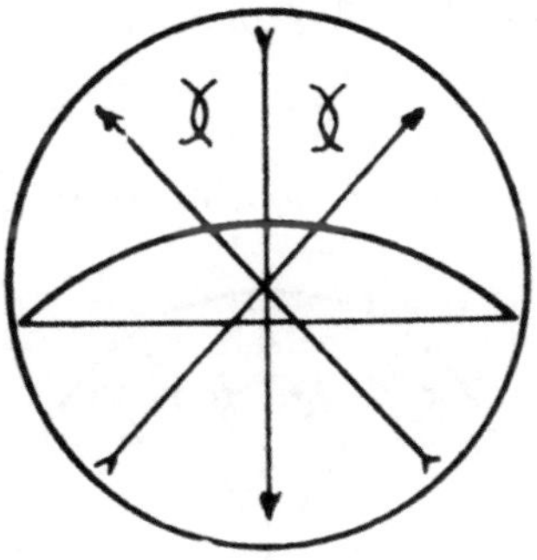

ponto do caboclo Ubirajara

Ele é um caboclo valente,
Seu penacho é de penas de arara. (*bis*)
Ele vem pra ajudar seus filhos

Que confiam em Seu Ubirajara. (*bis*)
Auê, sua, só ele passa
Por onde eu não passo,
Auê, auê, Ubirajara do peito de aço. (*bis*)

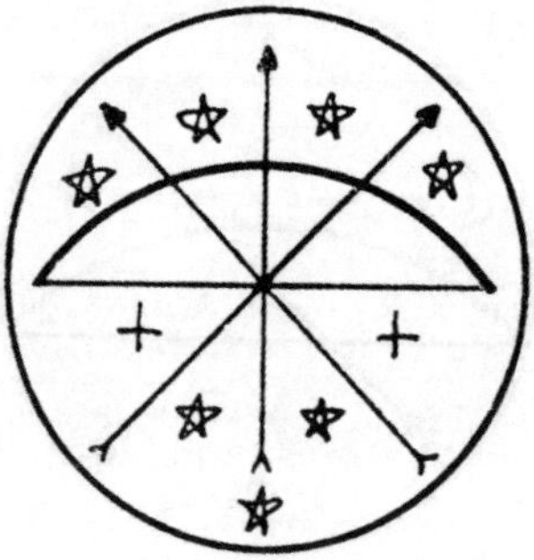

ponto do caboclo Ubirajara

Seu Ubirajara, por detrás da serra,
Seu Ubirajara, como vem beirando as matas,
Seu Ubirajara, seu saiote de penas vem da Jurema.
Pisa na umbanda, auê,
Pisa na umbanda, auê, Seu Ubirajara,
Pisa na umbanda, auê.

PONTOS DO CABOCLO URUBATÃO

ponto do caboclo Urubatão

Eu vi um Caboclo
Lá na ribanceira.
Era Urubatão,
Chefe dos peles-vermelhas.

ponto do caboclo Urubatão

Estrela matutina,
Clareia o mundo sem parar. (*bis*)
Estrela clareou a nossa banda,
Estrela clareou nosso gongá,
Estrela que ilumina Urubatão,
Estrela que vem lá do Juremá.

PONTO DO CABOCLO VENCE DEMANDA

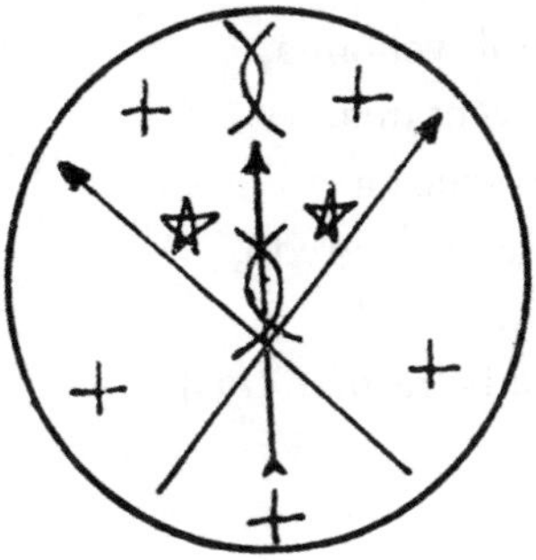

ponto do caboclo Vence Demanda

Caboclo Vence Demanda
É um táta na urucáia. (*bis*)
Ao lançar a sua flecha,
Não há caça que não caia.
Ele é Vence Demanda, ele é caçador,
Ele é Vence Demanda, de Nosso Senhor.

PONTOS DO CABOCLO VENTANIA

Ogã, segura o toque,
Com Deus e Virgem Maria, (*bis*)
Por Oxalá, meu Pai,
Saravá Seu Ventania. (*bis*)

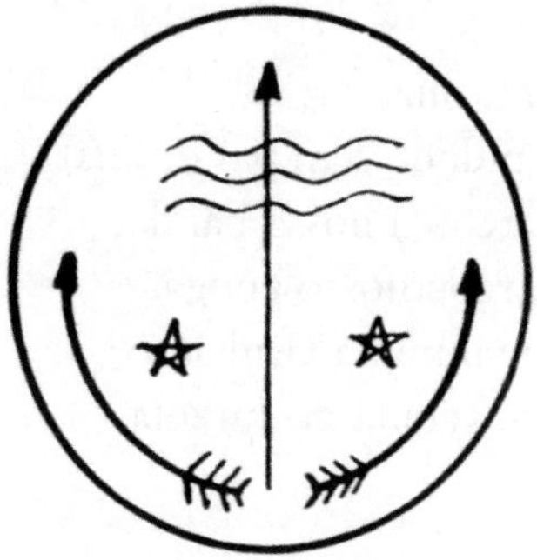

ponto do caboclo Ventania

Oi, rouxinol, ventania,
Rouxinol, ventania.
Na raiz da arucáia
Sua cobra é um segredo,
Ele mora no Lajedo
Sentado na beira-mar. (*bis*)

PONTOS DO CABOCLO VIRA MUNDO

Quando ele vem
Lá do Oriente,
Ele vem com ordem de Oxalá. (*bis*)
A sua missão é muito grande,
Espalhar a caridade
E seus filhos abençoar.
Oi saravá, Mamãe Oxum,
Saravá, Pai Oxalá.
Oi saravá, Seu Vira Mundo,
Ele é o nosso chefe e dono deste jacutá.

ponto do caboclo Vira Mundo

Saravá, Seu Vira Mundo,
Deus é maior,
Olha a volta que o mundo dá,
Deus é o maior.

PONTOS DE CABOCLOS (SUBIDA)

É madrugada,
Já cantou a siriema,
Seu Ubirajara vai embora
Pra suas verdes campinas,
Pra suas terras serenas.
Orirê, orirá,
Ele vai e torna a voltar,
Orirê, orirá,
Traz proteção de Oxalá.
Orirê, orirá,
Diz adeus, meu Pai, adeus,
Orirê, orirá,
Traz proteção pros filhos teus, é madrugada.

Lá na Jurema
Um rouxinol cantava só. (*bis*)
Pegou sua flecha e seu bodoque,
Seu (*dizer o nome do Caboclo*) já vai, alô.
Mas ele vai,
Seu (*dizer o nome do Caboclo*) já vai, alô.

Uma rosa no jardim apareceu,
Meu Pai já me chamou e lá vou eu. (*bis*)
Eu já vou embora, vou pra minha aldeia,
Ele é (*dizer o nome do Caboclo*), ele não bambeia. (*bis*)

Ó que lindo cantar,
Ó que lindo laranjal. (*bis*)
Adeus, filhos de umbanda,
Caboclo da munhangaba diz adeus
E vai se embora.

Lá na campina
Um rouxinol cantou.
Ele anunciava
Que alguém chamou. (*bis*)
Adeus, meus camaradas,
Ele vai zuar
Pois se chegou a hora,
Oxalá mandou chamar. (*bis*)

Ele vai e torna a voltar,
Trazendo pros seus filhos
A proteção de Oxalá. (*bis*)
Ele vai com Deus,
Com Deus e Nossa Senhora.
Abençoai seus filhos nesta hora.
Sua banda lhe chama,
Ele vai embora. (*bis*)

Caboclo vai embora,
Pra cidade de Jurema.
Bom Jesus tá lhe chamando,
Pra cidade da Jurema.
Mas ele vai ser coroado,
Pra cidade da Jurema,
Com a coroa de Aiê ieu.

Ele vai, ele vai,
Mas ele vai lá para as matas, ele vai. (*bis*)
Alegre, ele vai cantando,
Lá pras matas virgens,
Ele vai bradando. (*bis*)

IBEJADAS

A Ibejada é a Legião das Crianças da umbanda. Ela é liderada pelos santos Cosme e Damião e faz parte da Linha dos Santos ou Linha de Oxalá. O termo *Ibejada* vem de *Ibeji*, nome do orixá protetor das crianças. Como Ibeji não é uma só pessoa, mas um par de gêmeos, foi sincretizado com todos os santos que também são irmãos: Cosme e Damião, Crispim e Crispiniano. Por isso, no Brasil, esses santos se tornaram protetores das crianças, embora não tenham esse significado em outros países.

No candomblé, os espíritos infantis que acompanham os orixás são denominados *erês*; por isso, este nome também é muitas vezes aplicado ao povo da Ibejada. Na umbanda, esses espíritos são denominados coletivamente Ibejadas, Crianças ou Dois-dois. Os pontos se referem muitas vezes a espíritos específicos, chamados por seus nomes: Estrelinha, Formiguinha d'Angola, Faísca, Cosminho etc.

Também é comum a referência a Doum, às vezes representado nas imagens de Cosme e Damião como uma terceira criança menor que os gêmeos. Na África, Doú é a criança que nasce logo após um par de gêmeos. Como estes são considerados muito especiais, o irmão que vem logo depois deles participa um pouco de seus poderes.

A Legião da Ibejada se divide em sete falanges:

Falange de Tupãzinho — relacionada à Linha de Oxóssi, é formada por espíritos de indiozinhos, habitantes das matas; Falange de Doum — realiza curas e habita praias e jardins; Falange de Alabá — relacionada à Linha de Ogum, é formada por espíritos infantis que vivem nas cachoeiras e no mar e interferem em lutas e demandas; Falange de Dansu — relacionada à Linha de Xangô, é formada por espíritos da natureza, dos temporais e das tempestades, que vivem em pedreiras e cachoeiras; Falange de Sansu — (espíritos de meninas, ligadas a Iemanjá; Falange de Damião (ou Crispiniano) — trabalha com Doum; Falange de Cosme (ou Crispim) — relacionada à Linha de Oxalá, cuida de crianças e habita os jardins floridos. Apesar de serem espíritos muito brincalhões, como todas as crianças, as Ibejadas são poderosas e agem como anjos-de-guarda das pessoas. Como são muito próximas de Oxalá, que as trata como seus filhos diletos, seus pedidos são sempre atendidos por todos os orixás. Por isso, a Ibejada é uma das falanges mais consultadas na umbanda.

A festa das crianças é realizada no dia de Cosme e Damião (27 de setembro). No candomblé, é servido o *caruru dos meninos* (quiabo com camarão). Na umbanda, a tradição manda que sejam distribuídos doces e balas para as crianças.

As Crianças são representadas por bonecas e imagens infantis; gostam de brinquedos e suas cores são bem claras: azul, cor-de-rosa, amarelo. Sua saudação é: *Salve a Ibejada*!

CANTIGAS DE IBEJADA NA UMBANDA

Brincadeira de Ibeji, aê,
Segura um reino.
Brincadeira de Ibeji, aê,
Segura um reino.

Se eu pedir,
Você me dá, (*bis*)
Um balancinho, papai,
Pra eu brincar. (*bis*)

Brincando no jardim das rosas,
Cosme e Damião vêm na umbanda trabalhar,
Louvando o nome de Santa Bárbara,
Louvando o nome de Iemanjá.

Meu anel de pedra verde,
Que eu perdi no mar azul,
Quem achou
Foi Doum.

A baiana me pega,
Me joga na lama.
Eu não sou camarão,
Camarão é quem me chama.
Ê ê ê, baiana,
Na Bahia deu sinal.
Ê ê ê, baiana,
Na Bahia deu sinal.

Vamos apanhar caruru,
No mato tem.
Vamos apanhar caruru,
Beira do rio.

Vamos apanhar caruru
Com o Faísca
Vamos apanhar caruru
Com Estrelinha
Vamos apanhar caruru
Com o Tufão
Vamos apanhar caruru
Com o Chuvisco.

Formiguinha d'Angola,
Como brinca.
Formiguinha d'Angola,
Vamos brincar.

Cosme e Damião,
Sua santa já chegou.
Veio do fundo do mar,
Iemanjá foi quem mandou.
Dois-dois, sereia do mar,
Dois-dois, mamãe Iemanjá. (*bis*)

Cosme e Damião,
A sua banda cheira,
Cheira a cravo, cheira a rosa
E a botão de laranjeira.

Meu anel de pedra verde,
Que eu perdi pelo caminho,
Quem achou
Foi o Cosminho.

Meu anel de pedra verde,
Que eu perdi, caiu no chão,
Quem achou
Foi o Damião.

Quando o luar nasceu,
A lua escureceu, (*bis*)
Madrugada chegava.

A lua clareia a mata,
Ela é prateada.
Seu Ogum clareia a beira-mar.
Eu vi as crianças brincando
Na beira da areia.
Eram os sete filhos de Iemanjá.

LINHA DO ORIENTE

Ao contrário das outras Linhas da Umbanda, formadas por espíritos ligados às raízes do povo brasileiro, a Linha do Oriente reúne espíritos de todas as partes do mundo. Esses espíritos têm em comum um altíssimo grau de desenvolvimento e uma grande capacidade de trabalhar em todas as áreas de ocultismo e alta magia, bem como nas curas espirituais.

A Linha do Oriente é chefiada por São João Batista (24 de junho), sincretizado com Xangô Caô. Os espíritos que a compõem se dividem em sete legiões:

- Legião dos sábios hindus e judeus, chefiada por Zartu;
- Legião dos espíritos médicos e cientistas, chefiados por José de Arimatéia;
- Legião dos árabes, marroquinos e ciganos, chefiados por Jimbaruê;

- Legião dos chineses, japoneses, mongóis e esquimós, chefiados por Ori do Oriente;
- Legião dos egípcios, incas e astecas, chefiados por Inhoarairi;
- Legião dos índios caraíbas, chefiados por Itaraiaci;
- Legião dos romanos, gauleses e outros povos europeus, chefiados por Marcus I.

Dentro da Linha do Oriente destaca-se o Povo Cigano que, nas últimas décadas do século XX, cresceu a ponto de tornar-se objeto de devoção e culto próprios. Suas formas de trabalho espiritual são um pouco diferentes das da umbanda tradicional: o espírito cigano freqüentemente fica ao lado do fiel, inspirando-o, mas sem incorporar. O desenvolvimento do trabalho com o espírito cigano não exige uma iniciação formal dentro de uma estrutura religiosa, pois o próprio espírito guia o fiel em um trabalho individual; também não depende de culto coletivo, sendo muito comum a devoção pessoal. Por essas razões, é comum encontrarmos pessoas que trabalham com espíritos ciganos sem fazer parte de uma casa de umbanda.

Os espíritos ciganos trabalham com oráculos, usualmente a cartomancia, e fazem magias de amor, prosperidade, harmonia e saúde. Eles usam todas as cores do arco-íris, mas não gostam da cor preta; apreciam jóias vistosas, fitas, lenços multicores e perfumes. Seus principais objetos e símbolos mágicos são punhais, cristais, flores, frutas, espigas de trigo, moedas e cartas de baralho. São festejados no dia de Santa Sara (24 de maio), padroeira de todos os ciganos do mundo.

PONTOS DO POVO DO ORIENTE

São João Batista vem, minha gente,
Vem chegando de Aruanda.
Salve a fé e a caridade!
Salve os filhos de Umbanda!

Ori já vem,
Já vem do Oriente
Abençoa, meu pai,
Proteção pra minha gente.

Brilhou um clarão no céu.
Ai, meu Deus, o que será?
É Zartu, chefe indiano,
Que veio nos ajudar.
E veio com a sua falange,
Para todo o mal levar.

Ori, Ori, Ori do Oriente,
Força de Zambi chegou.
Lá no Oriente uma luz brilhou
E no terreiro tudo iluminou.

PONTOS DE CIGANOS

Hoje é noite de lua cheia,
Povo cigano vem aí.
Vem trazendo seus mistérios,
Povo igual eu nunca vi.

Oi lua ê, oi lua ê, oi luar,
É lua cheia,
O povo cigano vem trabalhar.

Cigano bate o pé, cigano bate o pé,
Cigano entra na roda
Pra salvar filhos de fé.
Quem vem de lá?
Quem vem de cá?
São ciganos que vêm bailar.

Pisa firme, cigano,
Quero ver o seu dançar,
Pois na roda de cigano
Ninguém pode balançar.

Cigana que vem dançando
Sua dança de terreiro,
Com sua saia rodada,
Sua bota prateada,
Pra acabar com feiticeiro.

Ganhei uma barraca velha,
Foi a cigana quem me deu.
O que é meu é da cigana,
O que é dela não é meu.
A cigana é quem me ajuda,
Cá na terra onde estou.

PONTOS DE SUBIDA

Oh, que lindo cantareiro,
Oh, que lindo sarirá.
Até os passarinhos choram
Quando os ciganos acenam,
Dizem adeus e vão embora.

Povo do Oriente, Oriente chama. (*bis*)
Vai com Deus, Oriente chama. (*bis*)

PRETOS-VELHOS

DURANTE O PERÍODO DA ESCRAVIDÃO, MUITOS MILHARES de crianças, mulheres e homens foram comprados em mercados de escravos africanos e trazidos para o Brasil. Aqui trabalharam duramente, construindo a nova nação. Sofreram todo tipo de maus-tratos e humilhações, quando ensaiavam qualquer forma de revolta contra a condição escrava, ou apenas porque seus donos consideravam natural tratá-los assim. E, apesar de tudo, ainda tiveram forças para reconstruir sua cultura e sua religião na nova terra, contra toda a oposição que encontraram.

O tempo passou, a escravidão terminou e, pouco a pouco, as religiões de origem africana puderam crescer. No início do século XX, nasceu a umbanda e, nela, os espíritos dos antigos escravos começaram a se mostrar em toda a sua realidade de almas bem-aventuradas, espíritos cheios de luz. Temperando sua grande sabedoria com a imensa bondade de seu coração, os chamados Pretos-velhos e Pretas-velhas se aproximaram de nós, seus fiéis, para, através de seus conselhos, resolver as nossas dúvidas, iluminar os nossos caminhos e curar os nossos males.

Os Pretos-velhos moram no reino de Aruanda, do outro lado do oceano, para onde retornaram em espírito, para viver junto de seus orixás, voduns e inquices. Quando escutam os cânticos nos terreiros, vêm de lá visitar seus "netos" que vivem no lado de cá. Estes espíritos de luz, ao se manifestarem entre nós, nos dão uma grande lição: o valor de um indivíduo deve ser apreciado por seus atos, e não por sua aparência. Assim é que esses grandes guias não são reis nem mestres, mas pais, tios, tias, vovôs e vovós.

Os Pretos-velhos se vestem com simplicidade, usam branco e preto; relembram seus tempos antigos no gosto pelo cachimbo e por um bom café. Um rosário e uma bengala costumam ser seus acessórios preferidos. Como fazem parte das almas bem-aventuradas, sua saudação é: *Adorei as almas*!

A festa dos Pretos-velhos é realizada no dia 13 de maio, data da assinatura da Lei Áurea, que aboliu a escravidão no Brasil.

A Linha dos Pretos-velhos também é chamada Linha das Almas, Iorimá ou Linha Africana. Seu chefe supremo é São Cipriano. É constituída por espíritos de grande grau de desenvolvimento, conhecedores de todos os segredos da magia, e que empregam seu saber na prática da caridade. São conselheiros, protetores e curadores. A Linha é dividida em sete Legiões:

- Legião do Povo de Angola, chefiada por Pai José;
- Legião do Povo de Benguela, chefiada por Pai Benguela;
- Legião do Povo da Costa, chefiada por Pai Cambinda;
- Legião do Povo do Congo, chefiada por Rei Congo;
- Legião do Povo de Guiné, chefiada por Zum Guiné;
- Legião do Povo de Luanda, chefiada por Pai Francisco;
- Legião do Povo de Moçambique, chefiada por Pai Jerônimo.

PONTOS DAS ALMAS

Se não fosse as minhas Almas,
Meu Cruzeiro, o que seria? (*bis*)
Meu Santo Antônio é Rei das Almas,
Ele é quem me defendia. (*bis*)

As Almas do Cruzeiro
Sabem trabalhar.
Bota dendê no fogo,
Não deixa a lenha apagar (*bis*)

Oh! Santas Almas
Do rosário de Maria, (*bis*)
Ajudem a esse filho
A caminhar pelos seus dias. (*bis*)

Meu Santo Antônio,
Não me deixe andar sozinho, (*bis*)
Me mande as Santas Almas
Para abrir os meus caminhos. (*bis*)

Lá no Cruzeiro Divino,
Onde as Almas vão rezar,
As Almas choram de alegria,
Quando os filhos se combinam, (*bis*)
Também choram de tristeza
Quando não quer combinar.

Na Bahia tem,
Eu vou mandar buscar,
Lampião de vidro, sá dona,
Para clarear.

Tava na estação, auê,
Quando o trem chegou, auê,
Cheio de baianas, auê,
De São Salvador, auê.

Quando o galo canta
Em louvor a Maria, (*bis*)
As Santas Almas rezam
Uma Ave Maria. (*bis*)
Ave Maria, cheia de graça,
O Senhor é convosco,
Bendita sois entre as mulheres,
Bendito é o fruto do vosso ventre,
Nasceu Jesus.

Cajueiro bento,
Onde nasceu Jesus, (*bis*)
Minha Virgem Imaculada,
Chora nos pés da cruz. (*bis*)
Abre a porta do céu, São Pedro,
Deixa as Almas trabalhar. (*bis*)
Minha Virgem Imaculada,
Chora nos pés da cruz. (*bis*)

Olha lá, meu irmão,
As Almas não enganam ninguém,
Olha lá, meu irmão,
Adorei as minhas Almas,
Olha lá, meu irmão,
As Almas vêm trabalhar,
Olha lá, meu irmão,
Vêm na fé de Oxalá.

Meu Santo Antônio, eu ando tão sozinho,
Meu Santo Antônio, eu ando tão sozinho,
Na fé das Almas, meu Santo Antônio,
Não me deixe ficar sozinho.

Quererá, quererá,
Quererá, quererê (*bis*)
Minhas Santas Almas,
Que venham me valer. (*bis*)

Macumba nas Almas amanhece o dia,
Oi, amanhece o dia.
Tenho fé nas Almas e na Virgem Maria,
Oi, na Virgem Maria.

As Almas têm,
As Almas dá,
As Almas dá
Para quem sabe aproveitar.

Santo Antônio é de Lisboa,
Tem coroa de guiné.
A bênção, minhas Almas Santas,
Reforçai a minha fé.

Capim de Angola,
Tá capinando e tá nascendo. (*bis*)
Já capinou e tá nascendo,
Já capinou e tá nascendo. (*bis*)

Eu vi um clarão na mata
E pensava que era dia, (*bis*)
Mas eram as Almas,
Mas eram as Almas, (*bis*)
Mas eram as Almas
Do rosário de Maria.

No Cruzeiro das Almas Santas,
Eu vi um velhinho rezar.
Na mão trazia sua bengala de guiné,
Na outra mão trazia seu patuá. (*bis*)

Vovó não quer
Casca de coco no terreiro, (*bis*)
Pra não lembrar
Do tempo do cativeiro. (*bis*)

Santo Antônio de Pemba
Caminhou sete anos,
À procura de um filho
Que aqui deixou.
Como caminhou, meu Santo Antônio,
Como caminhou, meu Santo Antônio,
Como caminhou, meu Santo Antônio,
Como caminhou, Santo Antônio de Pemba,
Como caminhou, meu Santo Antônio,
Como caminhou, meu Santo Antônio,
Como caminhou, Santo Antônio de Pemba,
Como caminhou.

Santo Antônio é de ouro fino,
Minhas Almas, ajuda eu
Santo Antônio, santo bendito,
Minhas Almas, ajuda eu.
As Almas dos necessitados,
Santo Antônio, ajuda eu,
As Almas dos acorrentados,
Santo Antônio, ajuda eu.
As Almas dos afogados,
Santo Antônio, ajuda eu.

Foi nas Almas,
Nas Almas que eu conheci macumba,
Foi nas Almas.
Nas Almas que eu conheci macumba,
Foi nas Almas.
Nas Almas que eu conheci macumba.

Eu andava perambulando,
Sem ter nada pra comer,
Fui pedir às Santas Almas
Para virem me socorrer.
Foi as Almas quem me ajudou,
Foi as Almas quem me ajudou.
Meu Divino Espírito Santo,
Viva Deus, Nosso Senhor.
Foi as Almas quem me ajudou,
Foi as Almas quem me ajudou.
Meu Divino Espírito Santo,
Viva Deus, Nosso Senhor.

Lá no Cruzeiro das Almas,
Tem fita preta e amarela. (*bis*)
Quem não acredita nas Almas,
Eu acho bom não mexer nelas. (*bis*)

Eu já plantei café de meia,
Eu já plantei canavial,
Café de meia não dá lucro, sinhá dona,
As Santas Almas podem dar.
Oi, deixa umbanda melhorar,
Oi, deixa umbanda melhorar,
Oi, deixa umbanda melhorar,
Minhas Santas Almas,
Oi, deixa umbanda melhorar.

PONTOS DE PRETO-VELHO (SAUDAÇÃO)

Cacarucai, as Almas
Preto Velho no Terreiro
Cacarucai, as Almas
Se livrou do cativeiro.

Preto Velho na senzala
Padeceu, padeceu,
Preto Velho não chorava,
Só dizia: Ai, Meu Deus,
Ai, meu Deus,
Ai, meu Deus. (*bis*)

Ai, meu Senhor do Bonfim,
Tenha pena de mim,
Meu Senhor do Bonfim. (*bis*)
Vou saravá Pretos Velhos, no Terreiro,
Saravá, meu Pai Ogum,
Saravá, Santo Guerreiro.

Estava na beira da praia,
Lá no céu deu um clarão.
A ordem era de Aruanda
Livrando preto da escravidão.
Foi de Oxalá a ordem suprema,
Mãe Iemanjá foi quem mandou.
Meu Pai Xangô escreveu lá na pedreira,
Pai Ogum cumpriu a ordem,
Pai Oxóssi confirmou.
Hoje eu tenho alegria,
Hoje eu tenho alegria,
Hoje eu tenho alegria,
Preto Velho hoje é sinhô.

Seu doutorzinho
Quer que chame de doutor. (*bis*)
É desaforo,
Cativeiro já acabou.
Branco sabe ler,
Branco sabe escrever,
Mas não sabe dia em que morre,
O preto é quem vai dizer.

Bate tambor, lá na Angola,
Bate tambor. (*bis*)
Pai Mané,
Bate tambor,
Pai José,
Bate tambor,
Pai Joaquim,
Bate tambor.
Bate tambor, lá na Angola,
Bate tambor.

Quenguelé quenguelé Xangô,
Ele é filho da cobra coral. (*bis*)
Olha preto, tá trabalhando,
Olha branco, só tá olhando. (*bis*)

PONTO DE PRETO-VELHO (FIRMEZA)

Lá na Luandê,
Lá na Luandê,
Preto Velho segura cangira de umbanda
Lá na Luandê,
Lá na Luandê.

PONTO DE PRETO-VELHO (DESCARGA)

Na Linha de Pretos-velhos,
Ninguém pode atravessar. (*bis*)
Oi segura a pemba, ê ê,
Oi segura a pomba, ê ê,
Oi segura a pemba, ê ê,
Oi segura a pemba no gongá. (*bis*)

PONTOS DE PAI ANDRÉ DA GUINÉ

ponto de Pai André da Guiné

Com flores brancas minhas Almas vou louvar,
Com seu perfume também vou me perfumar. (*bis*)
Mamãe Oxum,
Ilumina a minha fé,
As almas vêm de Aruanda,
Pai André da Guiné. (*bis*)

ponto de Pai André da Guiné

Meu bom Jesus,
Meu Senhor do Bonfim, (*bis*)
As Almas Santas
Me diga, me diga quem é
Que vem chegando de Aruanda,
É Pai André da Guiné. (*bis*)

PONTOS DE PAI ANDRÉ DE MINAS

Ele é carreiro
Daquelas bandas de Minas,
Seu gado puxando corda,
Na estação da Leopoldina,
Mineiro ê, mineiro á,
Macumba boa como a de Minas não há. (*bis*)

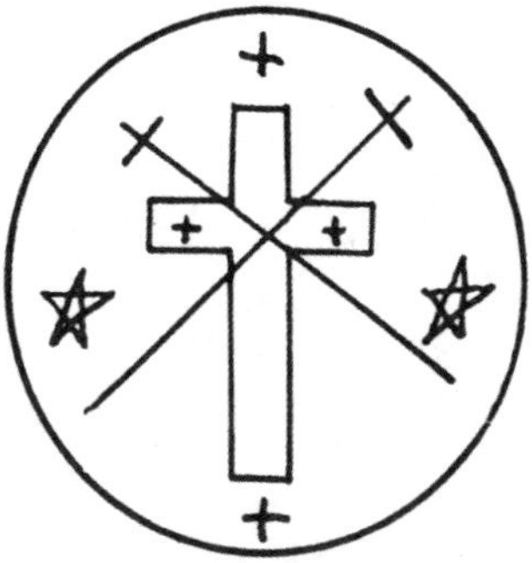

ponto de Pai André de Minas

Chegou Pai André de Minas na umbanda,
Fui correndo pra ver quem é.
A cancela da fazenda bateu,
Chegou pra salvar filhos de fé.

Tá na Angola, tá no Angolê,
Tá na Angola, tá no Angolê,
Pai André vem de Minas, Angola,
Tá no Angolê, umbanda. (*bis*)

PONTOS DE PAI ANDRÉ DO CRUZEIRO

Cruzeiro bendito das Almas,
Onde pego a força da minha fé, (*bis*)
Me livrai de todos os inimigos,
Me livrai do meu castigo,
Protegei-me, Pai André.

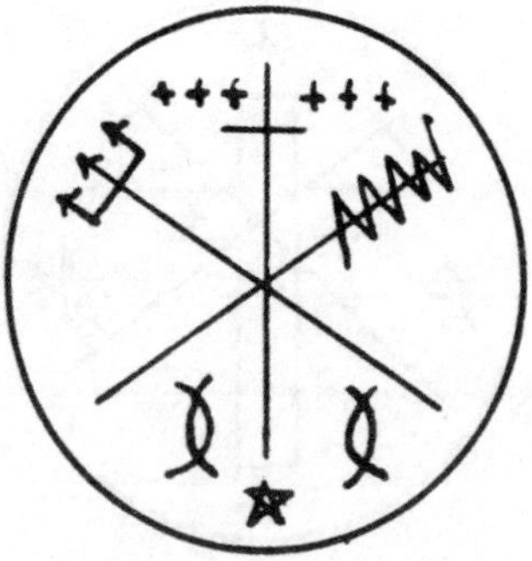

ponto de Pai André do Cruzeiro

Na umbanda tem um Velho
Que quase não caminha.
Pai André tá muito velho,
Traz mandinga na bainha.

No Cruzeiro do Campo Santo,
Um velhinho trabalhava,
Chorando com contrição
Se do cativeiro lembrava.
Pai André foi sofredor,
Na mão do branco senhor.
Hoje em dia, na umbanda,
É o nosso salvador.

PONTO DE PAI BENEDITO

Nesta mata tem folha
E tem rosário de Nossa Senhora,
Tem aroeira de Pai Benedito,
Pai Benedito que nos valha nessa hora. (*bis*)

PONTOS DE PAI BENEDITO DA CALUNGA

ponto de Pai Benedito da Calunga

Lá na Aruanda
Já cantou o sabiá. (*bis*)
Capim d'Angola
Já forrou o meu sapê.
Pai Benedito na choupana
Vem pra seus filhos benzer. (*bis*)

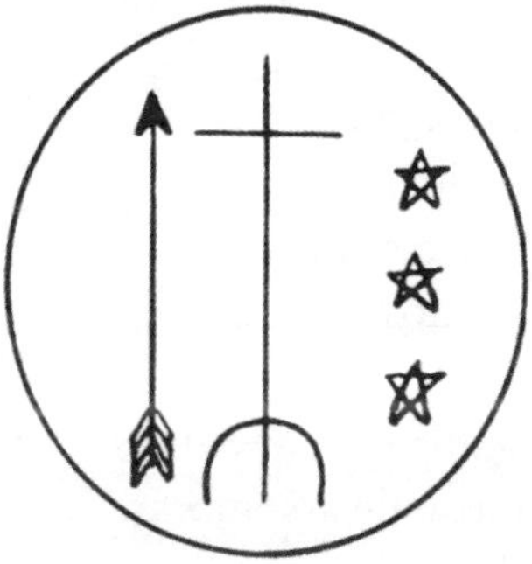

ponto de Pai Benedito da Calunga

Quem não entende
Não é bom se alvoroçar. (*bis*)
Quem não "güenta" com mandinga
Não carrega patuá.
Benedito vem na frente
Pra zelar por seu gongá.

PONTO DE PAI BENEDITO DA GUINÉ

ponto de Pai Benedito da Guiné

Quebrando guiné
Ele vem trabalhando,
É Pai Benedito
Que já vem chegando.

PONTOS DE PAI BENEDITO DAS ALMAS

Mina com Congo,
Vamos trabalhar.
Pai Benedito das Almas
É quem vem nos ajudar.

Quem trabalha com as Santas Almas
Não tem medo de assombração.
Sou filho de Pai Benedito,
Tenho as Almas no coração.

Minhas Almas Santas,
Valei-me Nossa Senhora.
Pai Benedito das Almas,
Valei-me em todas as horas.

PONTO DE PAI BENEDITO DE ANGOLA

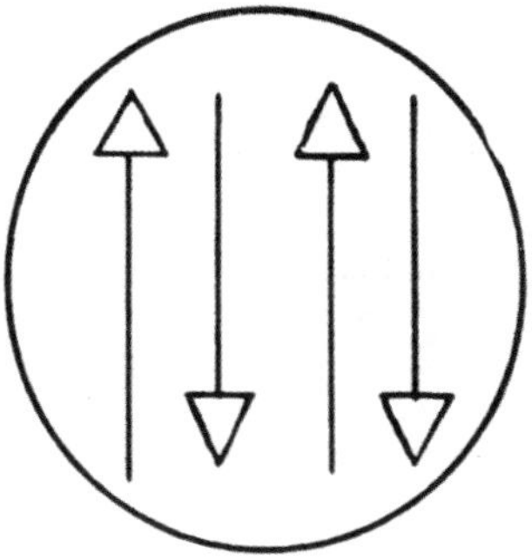

ponto de Pai Benedito de Angola

Pai Benedito é bom,
Ele aprendeu sem ensinar. (*bis*)
Sete dias ficou caído
No tronco do roseirá. (*bis*)

PONTOS DE PAI BENEDITO DO CRUZEIRO

Quando ele vem,
Vem louvando a Jesus,
Vem dizendo que seu pai,
Que seu pai morreu na cruz. (*Bis*)
Ele vem do tempo do cativeiro,
Ele é Pai Benedito do Cruzeiro
Ele vem na umbanda saravá,
Porque tem permissão de Oxalá.

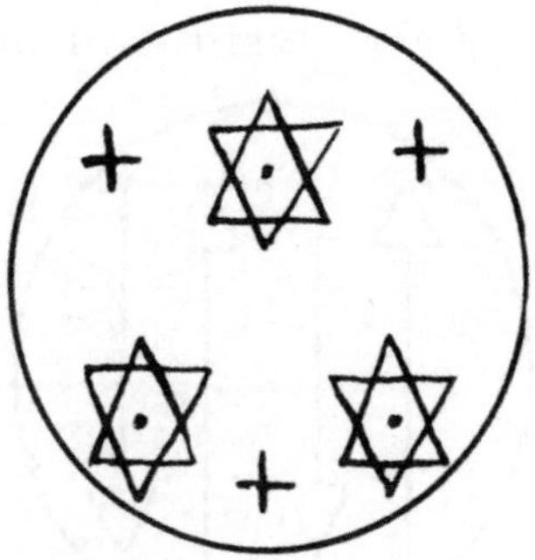

ponto de Pai Benedito do Cruzeiro

Ele vem do cativeiro,
Benedito do Cruzeiro,
Ele é chefe de gongá,
Com a permissão de Oxalá.
Auê, na Mesa de umbanda,
Auê, na Mesa de umbanda,
Auê, Benedito no gongá.

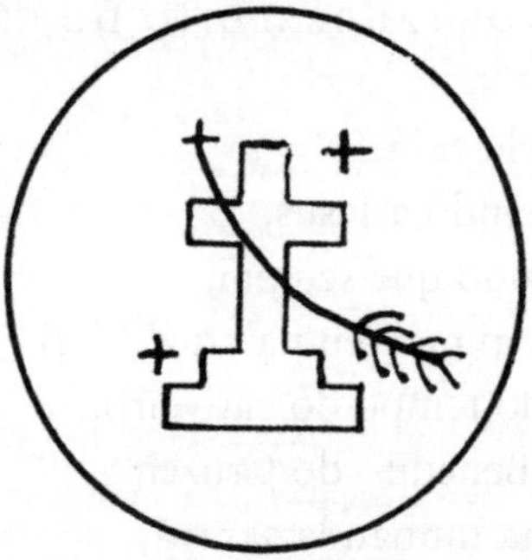

ponto de Pai Benedito do Cruzeiro

Cambinda chamou seu irmão,
Para vir lhe ajudar.
Benedito do Cruzeiro
Também ele foi chamar.
Três velhos trabalham juntos
Para a nossa salvação,

Valei-nos, meus pretos-velhos,
Valei-nos, meus bons irmãos.

Meu Deus, que barulho é esse
No morro do Quenguerê?
Pai Benedito do Cruzeiro,
Por Deus, venha me valer.

PONTO DE PAI CAMBINDA DE ANGOLA

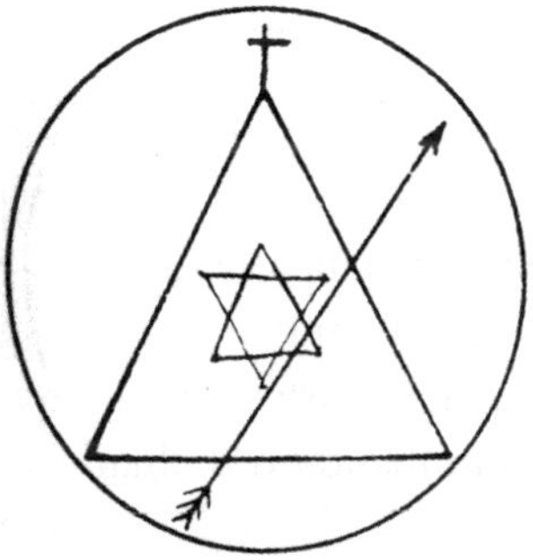

ponto de Pai Cambinda de Angola

Na Linha de Aroeira,
Pai Cambinda vem trabalhar
Linda luz que lhe rodeia
Quem lhe deu foi Oxalá. (*bis*)

PONTOS DE PAI CARLOS DE LUANDA

Pai Carlos de Luanda,
Quando vem pra trabalhar,
Traz seu cesto de mandingas,
Sua bengala e seu patuá.
Sua reza é muito forte,
Para quem carrega a fé,

Pai Carlos vem de Luanda,
Louvando a São José.

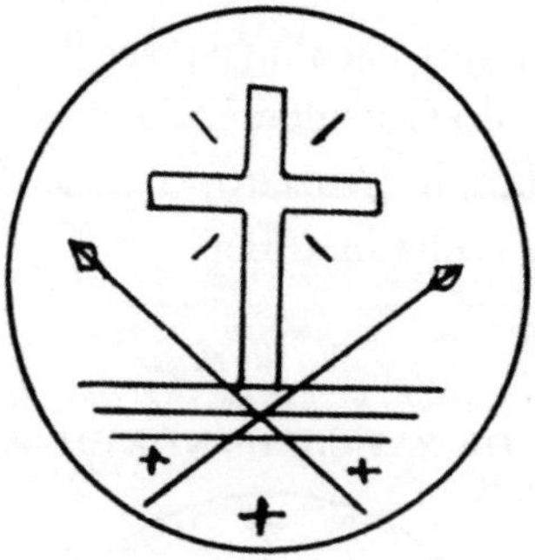

ponto de Pai Carlos de Luanda

Firmou seu ponto na areia,
Seu nome ele vai anunciar
Ele se chama Pai Carlos de Luanda
E vem para umbanda trabalhar.

PONTO DE PAI CARLOS DO CRUZEIRO

Eu abro meu Terreiro,
Eu abro meu gongá,
Pai Carlos do Cruzeiro
Já veio pra trabalhar.

PONTO DE PAI CARLOS DO ROSÁRIO

ponto de Pai Carlos do Rosário

As Almas benditas e santas
Deram a sua bênção.
Pai Carlos do Rosário,
Trazei-nos a salvação.

PONTOS DE PAI CIPRIANO DAS ALMAS

Pai Cipriano chegou no reino,
Meu Deus, que maravilha,
Quando Pai Cipriano chega,
Vem pra salvar as suas filhas. (*bis*)

ponto de Pai Cipriano das Almas

Feitiço, mandinga, quebranto,
Só ele sabe rezar.
Sua bengala e seu cachimbo
Servem para trabalhar.
Pai Cipriano das Almas
É um velho mandingueiro.
Quando chega na umbanda,
Encruza todo o Terreiro.
Ele é velho rezador,
Com seu patuá de valia,
Por Deus e Nossa Senhora,
Nos tira da agonia.

PONTOS DE PAI CIPRIANO DA SENZALA

Trazendo uma veste branca,
Com a cruz de Deus no peito,
Pai Cipriano chegou no Terreiro,
Todos os males vão ter o seu jeito. (*bis*)

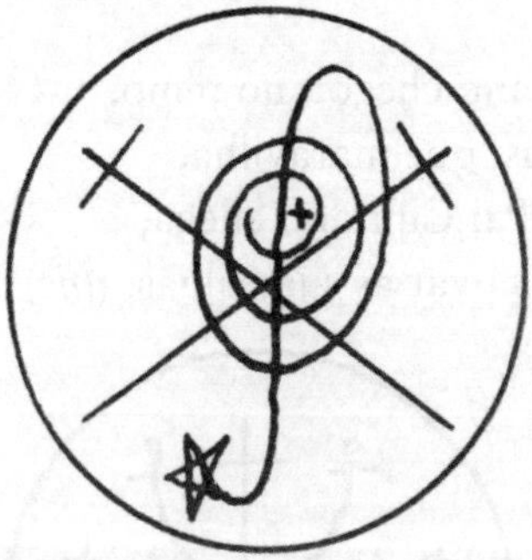

ponto de Pai Cipriano da Senzala

No tempo do cativeiro
Juntava sete vinténs.
Cipriano, na senzala,
Não fazia mal a ninguém.

Preto-velho rezador,
Cumpria sua missão,
Trazendo a Virgem Maria
Sempre em seu coração.

Ai, ai, umbanda,
Cipriano largou cativeiro.
Ai, ai, umbanda,
Da senzala veio pro Terreiro.

PONTOS DE PAI CIPRIANO QUIMBANDEIRO

Pai Cipriano é do Congo,
É um grande curandeiro,
Com rezas e mezinhas.
Saravá Cipriano Quimbandeiro. (*bis*)

ponto de Pai Cipriano Quimbandeiro

Sua quimbanda tem ponto firme,
O seu ponteiro não erra.
Pai Cipriano Quimbandeiro,
Protegei-nos nesta terra.

Com um belo galo preto
E linda fita encarnada,
Cipriano Quimbandeiro
Vai fazer sua arriada.

PONTOS DE PAI DOMÍCIO DAS ALMAS

Pai Domício chegou no reino,
Meu Deus, quanta coisa linda
Pai Domício vem trazendo,
E tem muito mais ainda.
Preto-velho de missão,
Pai Domício vem trabalhar.
No Terreiro de Jesus
Ele vem pra saravar.

ponto de Pai Domício das Almas

Quem tem tem,
Quem dá, quem daria,
Pai Domício chega com Deus,
Na fé da Virgem Maria. (*bis*)

PONTO DE PAI DOMÍCIO DE ANGOLA

ponto de Pai Domício de Angola

Pai Domício é feiticeiro,
Mas não faz mal a ninguém. (*bis*)
Trabalha com uma vela,
Com um rosário e sete vinténs.

PONTO DE PAI DURIMBAMBA

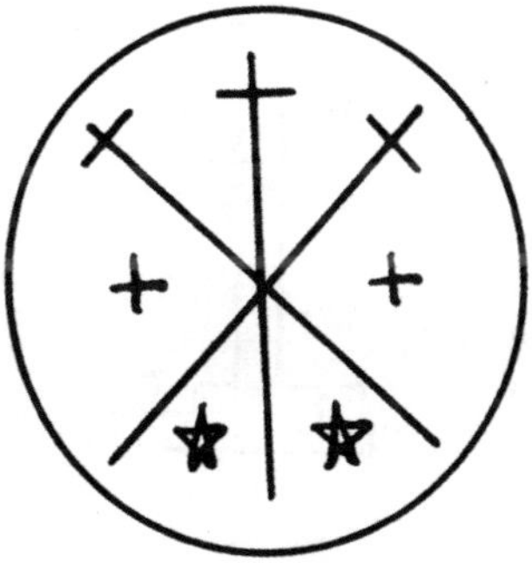

ponto de Pai Durimbamba

Durimbamba é de catutú
Durimbamba é de catuê,
Surumbambala calunga erú,
Surumbambala calunga erê. (*bis*)

PONTO DE PAI ELESBÃO DE LISBOA

ponto de Pai Elesbão de Lisboa

Meu Deus, que santo é aquele
Que vem vindo de canoa? (*bis*)
Louvado seja Jesus,
É Pai Elesbão que vem de Lisboa.

PONTO DE PAI ELESBÃO DO CRUZEIRO

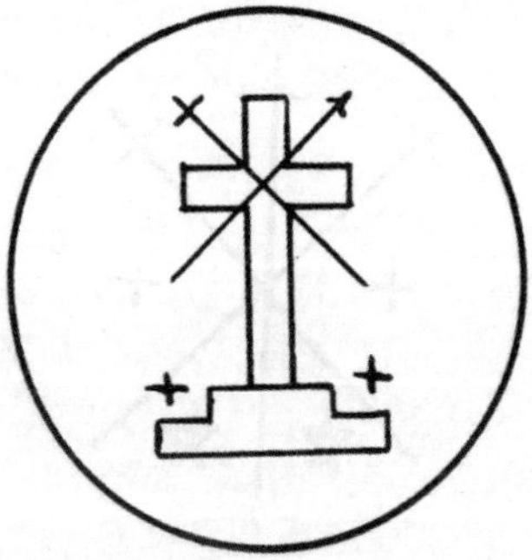

ponto de Pai Elesbão do Cruzeiro

No Cruzeiro das Almas Santas,
Pai Elesbão eu vi chorar.
Chorava de tanta pena,
Por seus filhos lamentar.

Suas lágrimas eram benditas,
Vinham do seu coração,
Oxalá sempre lhe ouvia,
Mandando sua bênção. (*bis*)

PONTOS DE PAI FABRÍCO DE ARUANDA

Um clarão iluminou o céu,
Abriu-se a linda Aruanda,
De lá baixou um velhinho,
Trazendo paz para a banda.
Pai Fabrício vem trabalhar,
Com seu patuá de Angola,
Vem para descarregar Terreiro,
Traz sua mandinga dentro da sacola.

ponto de Pai Fabrício de Aruanda

Pai Fabrício tinha sete filhos,
Todos sete queriam comer.
Caldeirão é pequenininho,
Reparte só que eu quero ver. (*bis*)

Eu estava no Terreiro,
Vendo os velhos trabalhar.
Pai Fabrício veio de Aruanda
Pra cruzar o meu gongá.

PONTO DE PAI FELICIANO DA GUINÉ

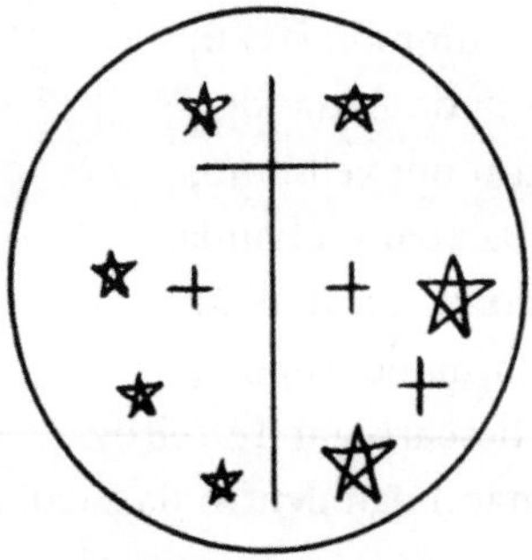

ponto de Pai Feliciano da Guiné

Pai Feliciano que vem da Guiné,
Quando chega no Terreiro,
Louvar Senhor Jesus Cristo,
Que o livrou do cativeiro.

PONTO DE PAI FELICIANO DE ANGOLA

Quequerê quequê, nas Almas,
Tá na Angola, aê,
Feliciano é de Angola, aê,
Tá no Angolê. (*bis*)

PONTOS DE PAI FIRMINO DE ANGOLA

Pai Firmino de Angola,
Quando baixa no Terreiro,
Se benze na Santa Cruz,
Se benze na Santa Cruz,
Louva primeiro Jesus.

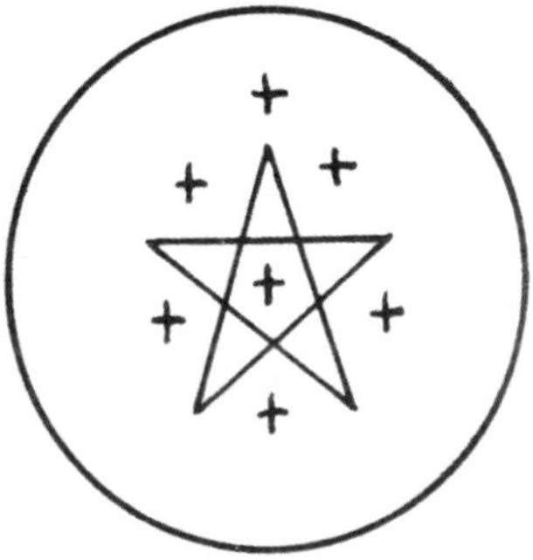

ponto de Pai Firmino de Angola

Andou sete noites,
Andou sete dias,
Pai Firmino de Angola
Veio com Virgem Maria.

Que velhinho é aquele
Que vejo acolá?
Pai Firmino de Angola
Já vem pra trabalhar.

PONTO DE PAI FULGÊNCIO DA GUINÉ

ponto de Pai Fulgêncio da Guiné

Pai Fulgêncio da Guiné,
Quando baixa no gongá,
Abençoa os seus filhos
Com a força do seu patuá.
Aê, aê, aê,
A bênção dos filhos de fé.
Aê, aê, aê,
Pai Fulgêncio de Guiné. (*bis*)

PONTOS DE PAI FULGÊNCIO DE LUANDA

Quem quiser ver
Que veja,
Quem quiser ter
Que tenha,
Pai Fulgêncio de Luanda,
Em nosso socorro venha.

ponto de Pai Fulgêncio de Luanda

Quando as Almas choram,
Nos pés do Cruzeiro,
Pai Fulgêncio de Luanda
Se lembra do cativeiro.
Bom velhinho foi escravo,
Só trabalhava para o senhor,
Hoje em dia, nos Terreiros,
Alivia a nossa dor.

PONTOS DE PAI GREGÓRIO

Pai Gregório é
Dono de gongá. (*bis*)
Sentado no seu tôco,
Ele vem pra trabalhar. (*bis*)

ponto de Pai Gregório

Igual a Pai Gregório não tem,
Igual a Pai Gregório não há.
Procure de vela acesa,
Assim mesmo não vai encontrar.

Firmou ponto na Linha das Almas,
Seu trabalho começou.
Pai Gregório no Terreiro
É o nosso salvador.

PONTOS DE PAI HORÁCIO

Vencedor de demanda, ele é,
Protetor dos aflitos, ele é,
Pai Horácio na umbanda, ele é,
Zelador da nossa fé, ele é.

ponto de Pai Horácio

Foi nas Almas,
Foi nas Almas,
Foi nas Almas que eu me vali. (*bis*)
Nas Almas Santas do Cruzeiro,
Lembrando o tempo antigo,
Pai Horácio trabalhava,
Livrando-nos dos inimigos.

PONTO DE PAI INÁCIO

ponto de Pai Inácio

Quem trabalha na Linha das Almas,
Tem sempre sua proteção,
Pai Inácio, quando vem para a terra,
Traz-nos sempre a sua bênção.

PONTO DE PAI INÁCIO DE LUANDA

Pai Inácio catiporé
Na calunga, catiporá
Pai Inácio veio de Luanda, umbanda,
Vem girar no seu gongá.

PONTO DE PAI INÁCIO DO CRUZEIRO

Ele vem de longe,
Pai Inácio do Cruzeiro,
Ele vem chegando,
Que já vem trabalhando.

PONTOS DE PAI JERÔNIMO

Pai Jerônimo é espírito,
Não tem sexo nem tem cor,
Pai Jerônimo é preto-velho
Com a fé de Nosso Senhor.

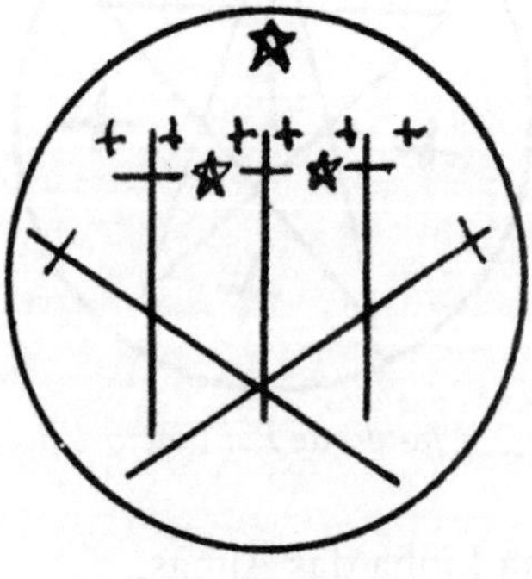

ponto de Pai Jerônimo

Pai Jerônimo não fala bonito
Perto do seu branco irmão,
Pois para Senhor Jesus,
Velho fala com o coração.

Pai Jerônimo veio de longe,
Santo Antônio na Luandê,
Pai Jerônimo vem saravá,
É Santo Antônio na Luandá.
Na Luandê, na Luandê, na Luandá,
Na Luandê, na Luandê, na Luandá. (*bis*)

PONTO DE PAI JERÔNIMO DE LUANDA

Oi, salve Deus,
Salve o povo de Aruanda.
Preto Velho chegou no reino,
Pai Jerônimo de Luanda. (*bis*)

PONTOS DE PAI JOÃO DE ANGOLA

Quando ele vem nesta banda,
Vem na umbanda saravá gongá.
Oi saravá, Pai João d'Angola, saravá,
Que a seus filhos de pemba
Ele vem abençoar, saravá.

ponto de Pai João de Angola

Na Angola tem um velho
Que caminha devagar.
Chama Pai João,
E vamos trabalhar.

PONTO DE PAI JOÃO DO CRUZEIRO

Na fé das Almas benditas,
Na fé do meu Pai João,
Eu rezo no Cruzeiro Santo
E peço a sua bênção.

PONTO DE PAI JOAQUIM DE ANGOLA

ponto de Pai Joaquim de Angola

Pai Joaquim, ê ê,
Pai Joaquim, ê ê,
Pai Joaquim vem lá d'Angola,
Pai Joaquim é de Angola, angolá.

PONTO DE PAI JOAQUIM DE ARUANDA

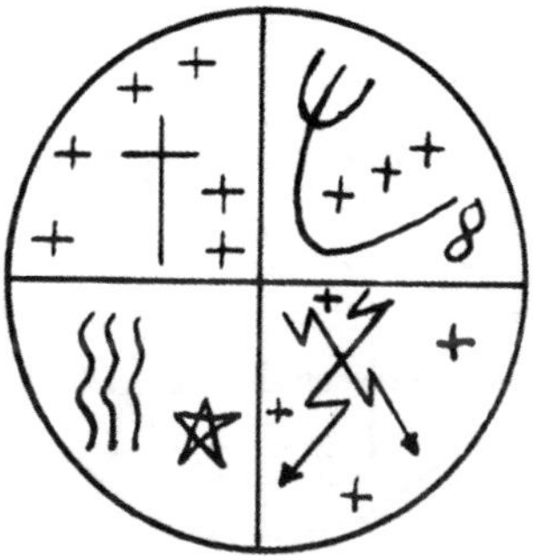

ponto de Pai Joaquim de Aruanda

Catimbô, catimberê
Catimbô, catimberá
Pai Joaquim de Aruanda
É que vem nos saravá.

PONTO DE PAI JOAQUIM DO CONGO

ponto de Pai Joaquim do Congo

Venho de longe,
Venho da mais linda cidade. (*bis*)
Sou Pai Joaquim do Congo,
Desmanchando toda a maldade.

PONTO DE PAI JOSÉ

ponto de Pai José

Pai José, cadê Pai Mané?
Tá no mato apanhando guiné. (*bis*)
Diga a ele que quando vier,
Que suba as escadas sem bater com o pé. (*bis*)

PONTOS DE PAI JOSÉ DE ANGOLA

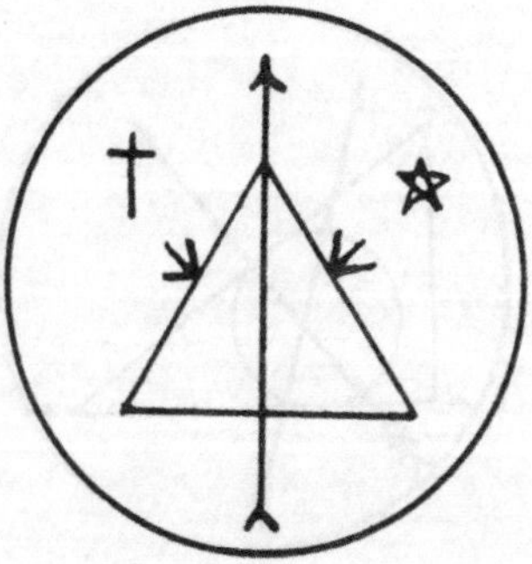

ponto de Pai José de Angola

Ele é Pai José,
Vem lá de Angola,
Com seu patuá,
Com a sua sacola.
A fumaça vai,
A fumaça vem,
Pai José de Angola
Tem mironga, tem.

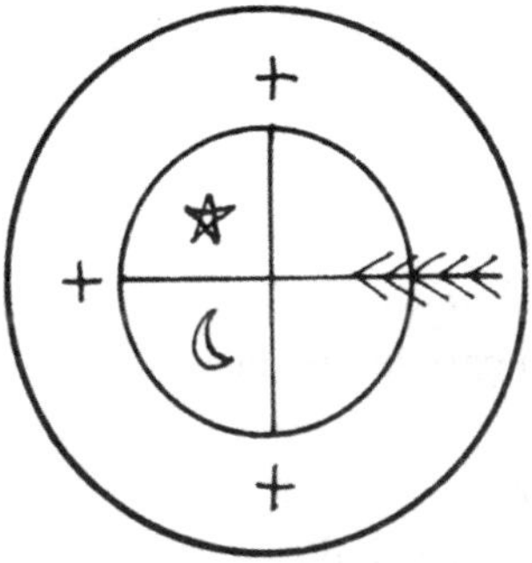

ponto de Pai José de Angola

Pai José veio de Angola,
Veio de Angola, Angolá,
Quando chegou no Terreiro
Encruzou seu jacutá.

Eu vi Pai José d'Angola,
Eu vi a Sereia do Mar. (*bis*)
Pai José toma conta dos filhos,
Tira areia do fundo do mar.

PONTO DE PAI JOSÉ DA CAMPINA

Pai José da Campina é curador,
Quando chega no reino,
Sabe mais que o doutor.

PONTO DE PAI JOSÉ DO CRUZEIRO

Quem nas Almas Santas confia,
Não fica pelo caminho.
Meu bom Pai José do Cruzeiro,
Não deixai-nos ficar sozinhos.

PONTOS DE PAI JOSÉ MINEIRO

Mineiro ê,
Mineiro á,
Pai José Mineiro
Traz a benção de Oxalá.

Carreiro bom,
Trazendo sua boiada,
Pai José, quando vem de Minas,
Traz sempre sua guiada.

PONTO DE PAI MIGUEL DE ANGOLA

ponto de Pai Miguel de Angola

Da Angola veio um velho
Que caminha devagar. (*bis*)
Ele é Pai Miguel de Angola
Que vem na banda trabalhar. (*bis*)

PONTO DE PAI MIGUEL DE ARUANDA

Ele vem de Aruanda, ô ganga,
Ele vem da Calunga, ô ganga. (*bis*)
Ele é velho feiticeiro,
Ele é trabalhador,
Mas não brinque com seu ponto,
Se não quer chorar de dor. (*bis*)

PONTO DE PAI TIAGO DE ANGOLA

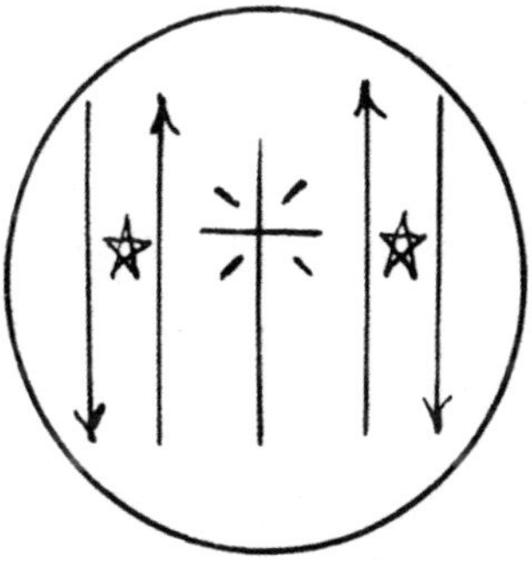

ponto de Pai Tiago de Angola

Pai Tiago, ele é velho, é,
Ele é irmão de Pai José. (*bis*)
Ele vem trabalhando de Angola,
Atendendo a seus filhos de fé. (*bis*)

PONTO DE PAI TIAGO DO CONGO

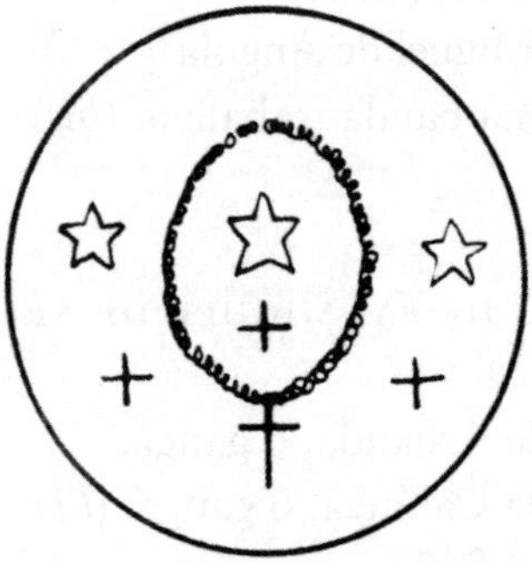

ponto de Pai Tiago do Congo

Povo de Congo chegou
Nesta banda para trabalhar. (*bis*)
Com sua luz,
Da Aruanda vem trazer
Pai Tiago, vem do Congo
Para seus filhos benzer. (*bis*)

PONTOS DE PAI TOMÁS

Ele é preto é,
Ele é preto é,
É neto de Pai Joaquim,
Sobrinho de Pai José.
Ele veio da Bahia,
Ele veio da Aruanda,
Ele é Pai Tomás,
Vencedor de demandas.
Ele veio da Bahia,
A mironga ele faz,
É irmão de Pai Tomé,
Saravá nosso Pai Tomás.

ponto de Pai Tomás

Auê, meu Pai Tomás,
Livrai-me dos inimigos.
Quem louva o Pai Tomás,
Se livra sempre dos castigos.

PONTO DE PAI TOMÉ DE ARUANDA

ponto de Pai Tomé de Aruanda

A minha urucaia
Tem mungunzá,
A minha urucaia
Tem quibombô,
Pai Tomé de Aruanda
É nosso salvador.

PONTOS DE PAI TOMÉ DA BAHIA

Pai Tomé veio da Bahia,
Trouxe flores no seu samburá
E galhinhos de arruda
Pra cruzar o seu congá. (*bis*)

Na sua urucaia tem quibombô,
Na sua urucaia,
Na sua urucaia tem mungunzá,
Na sua urucaia,
Quem é da Bahia tem seu patuá,
Na sua urucaia,
Meu Senhor do Bonfim já me saravou,
Na sua urucaia.

PONTO DE REI CONGO DE ARUANDA

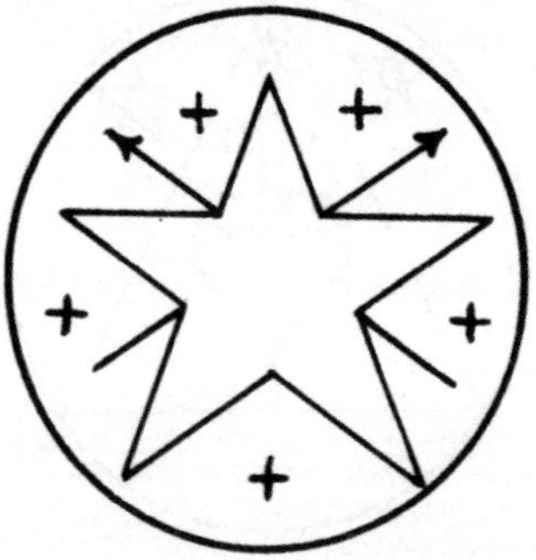

ponto de Rei Congo de Aruanda

Na Linha de Aroeira,
Rei Congo vem trabalhar.
Linda luz que lhe rodeia
Quem lhe deu foi Oxalá. (*bis*)

PONTOS DE REI CONGO DO ROSÁRIO

Aruê, rê rê, aruê, rê rá, (*bis*)
Oi, saravá, Linha de Congo,
Rei Congo que vem salvar,
Com o seu rosário bento,
Traz a bênção de Oxalá.

Com sua bengala branca,
Seu cachimbo de aroeira,
Rei Congo do Rosário
Vem do pé da gameleira.

PONTO DE TIA BENEDITA DA BAHIA

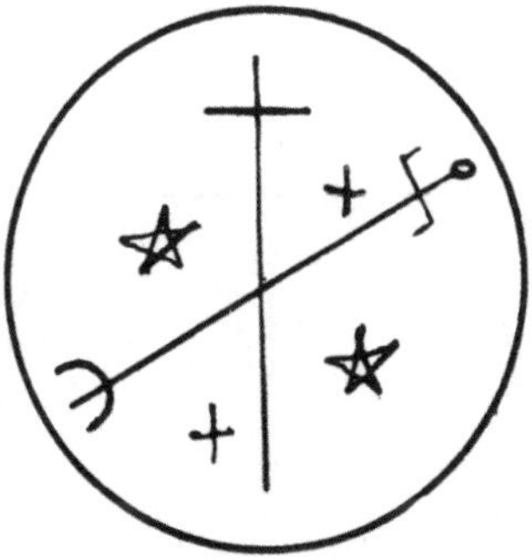

ponto de Tia Benedita da Bahia

A luz das Almas brilhou lá no céu,
A luz das Almas brilhou lá no mar. (*bis*)
Tia Benedita, preta velha de fé,
Vem da Bahia, trazendo bênção de Oxalá.

PONTOS DE TIA BENEDITA DA CALUNGA

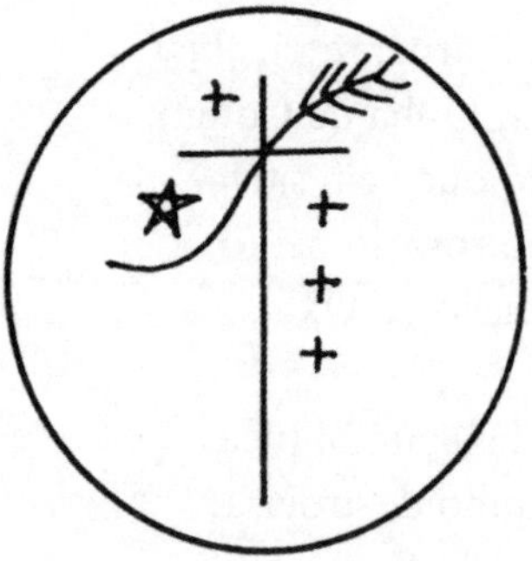

ponto de Tia Benedita da Calunga

Tia Benedita é preta velha,
Não promete pra não faltar. (*bis*)
Traz sempre, da sua calunga,
A força do seu patuá. (*bis*)

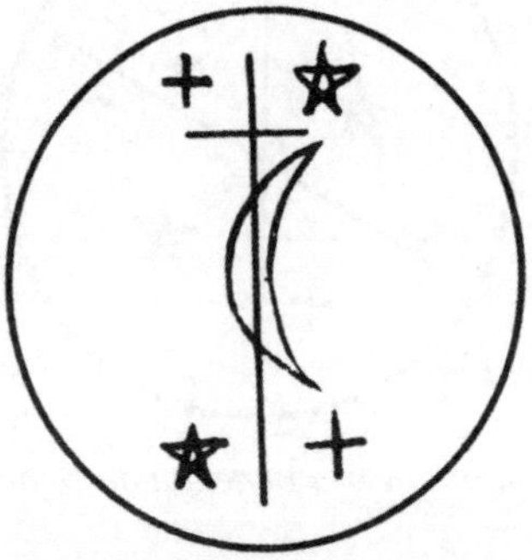

ponto de Tia Benedita da Calunga

Tia Benedita é de quenguerê,
Sua calunga é de quenguerá
Na fé das Almas Santas,
Tia Benedita vem trabalhar.

ponto de Tia Benedita da Calunga

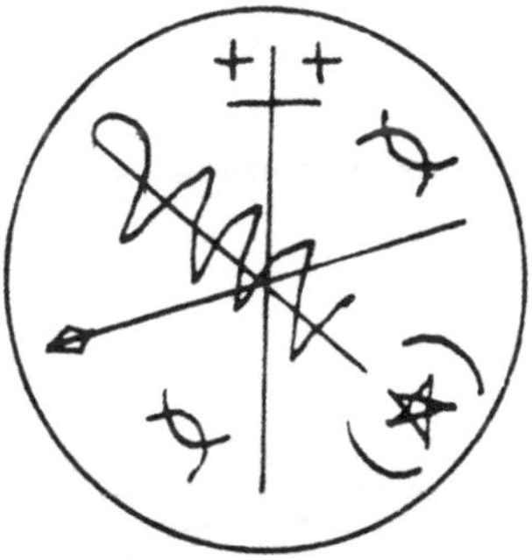

ponto de Tia Benedita da Calunga

PONTOS DE TIA BENEDITA DA GUINÉ

Guiné, guiné,
Vai chamar preta velha, guiné. (*bis*)
Tia Benedita, velha de guiné,
Renovai sempre nossa fé.

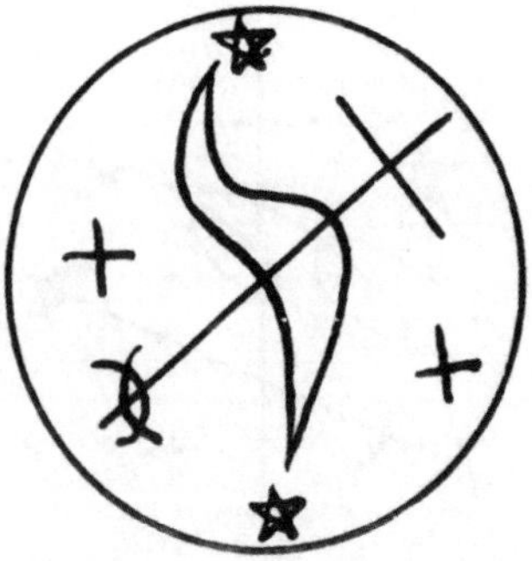

ponto de Tia Benedita da Guiné

Ai, minhas Almas Santas,
Benedita da Guiné,
Louvadas as Santas Almas,
Benedita da Guiné.

PONTO DE TIA BENEDITA DO CEMITÉRIO

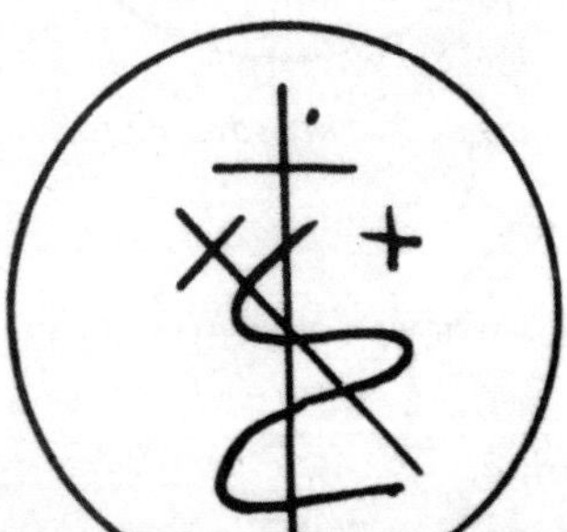

ponto de Tia Benedita do Cemitério

No Cruzeiro do cemitério
Eu vi preta velha rezar. (*bis*)
Era a Tia Benedita,
Com sua sacola e seu patuá. (*bis*)

PONTO DE TIA CHICA DA BAHIA

A Bahia tem seus lampiões,
Na encruza tem sete vinténs,
Tia Chica tem seu patuá,
Tia Chica não engana ninguém.

PONTOS DE TIA CHICA DA CALUNGA

Aê, minhas Santas Almas,
Tia Chica, ajuda eu,
Tia Chica da Calunga,
A bênção dos filhos seus.

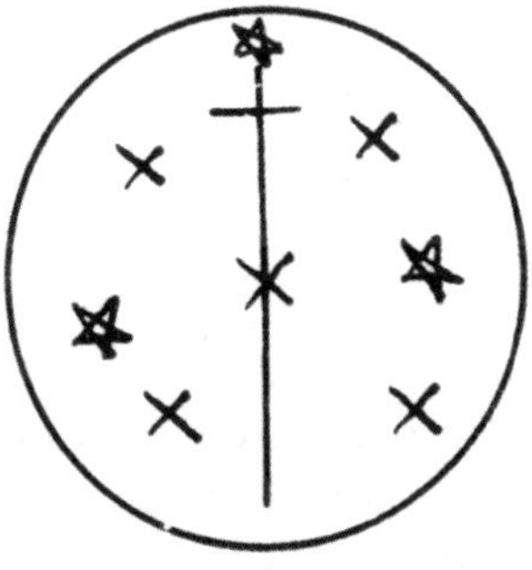

ponto de Tia Chica da Calunga

Viva meu Santo Antônio de Pemba,
Tia Chica é de lei maior,
Tia Chica vem da Calunga,
Quando chega não vem só. (*bis*)

PONTO DE TIA CHICA DE MINAS

Tia Chica chegou de Minas
Trazendo saia rendada de chita.
Abença, Tia Chica, abença,
Livrai-me das horas aflitas.

PONTO DE TIA CHICA DO CEMITÉRIO

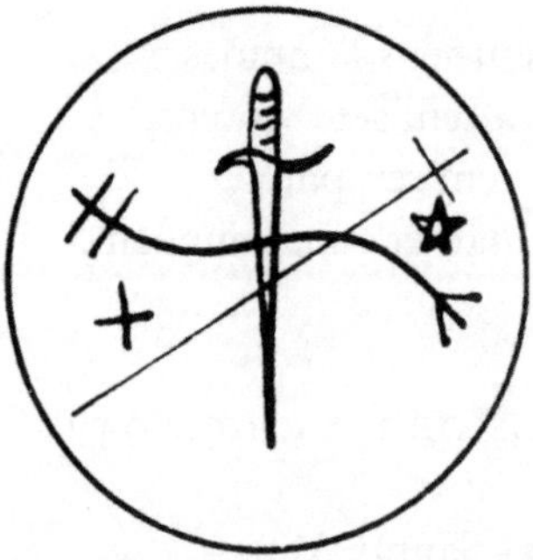

ponto de Tia Chica do Cemitério

Na pousada do Campo Santo
Tia Chica sempre trabalhou.
Sete figas de guiné,
Sete vinténs de ouro puro
Ela já encomendou.

PONTO DE TIA CHICA DO CRUZEIRO

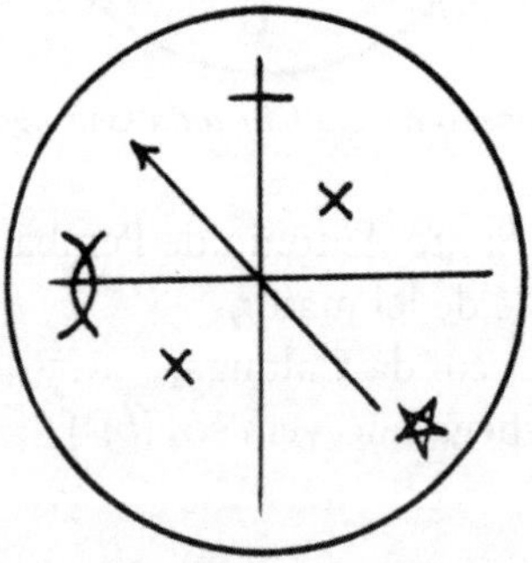

ponto de Tia Chica do Cruzeiro

São Miguel é quem pesa as Almas,
Na sua balança de fé.
Tia Chica do Cruzeiro,
Quando vem, quebra sempre guiné. (*bis*)

PONTOS DE TIA MARIA DE MINAS

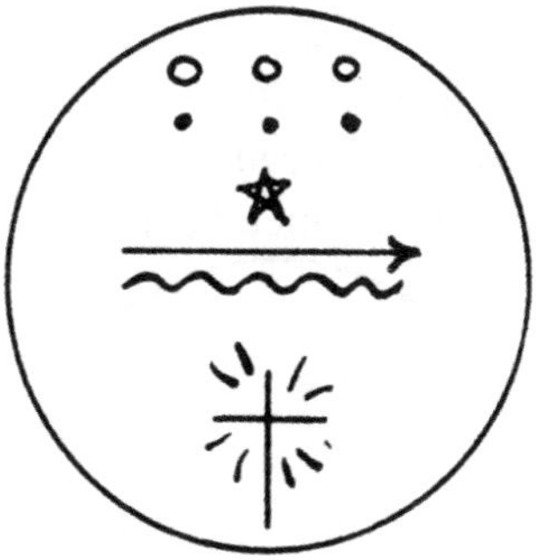

ponto de Tia Maria de Minas

Tia Maria tem um lindo rosário,
Traz de Minas o seu patuá. (*bis*)
Preta-velha tão formosa
Firma ponto na fé de Oxalá.

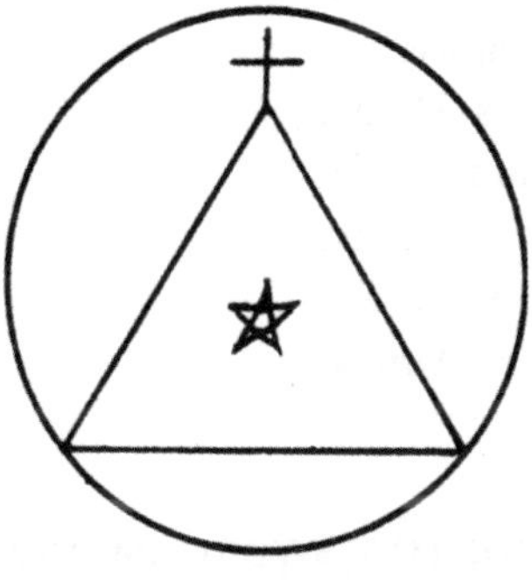

ponto de Tia Maria de Minas

Tia Maria tem sete cambonos,
Tia Maria tem sete vinténs. (*bis*)
Tia Maria, que vem lá de Minas,
Tia Maria não abandona ninguém.

PONTOS DO VELHO FABRÍCIO QUIMBANDEIRO

Ai, meu Deus do céu,
Tenha pena de mim. (*bis*)
Eu quero viver lá no céu
Com a proteção do meu Senhor do Bonfim.

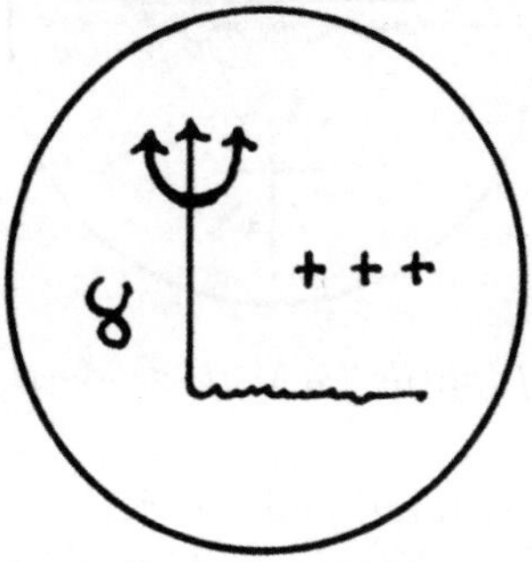

ponto do Velho Fabrício Quimbandeiro

Eu adorei as Almas,
De Velho Fabrício,
Eu adorei as Almas,
Da sua Quimbanda,
Eu adorei as Almas,
No dia de hoje,
Eu adorei as Almas.

PONTO DE VOVÓ BAIANA

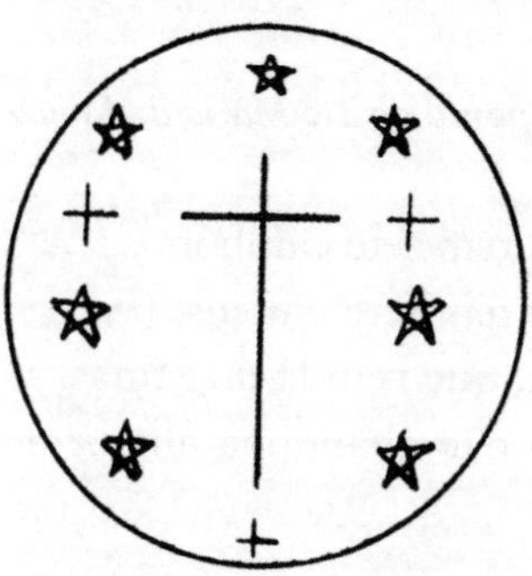

ponto de Vovó Baiana

Vovó Rosa chegou da Bahia,
Carregando o seu samburá,
Sete galhos de arruda
Sete rosas pro gongá.

PONTO DE VOVÓ CAMBINDA

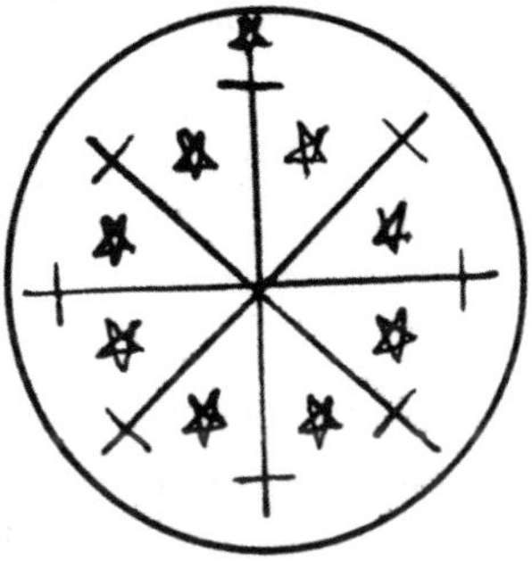

ponto de Vovó Cambinda

Lá vem Cambinda,
Descendo a serra com sua sacola,
Com seu patuá, com o seu rosário,
Ela vem de Angola
Eu quero ver, vovó,
Eu quero ver,
Eu quero ver se filho de pemba tem querer.

PONTO DE VOVÓ CAMBINDA DA GUINÉ

ponto de Vovó Cambinda da Guiné

Cambinda da Guiné,
Seu pai é ganga.
Cambinda da Guiné,
Seu pai ganga é.

PONTO DE VOVÓ CAMBINDA DAS ALMAS

Segura touro, Cambinda,
Amarra no moirão,
O touro é brabo, Cambinda,
Amarra no moirão.
Abre as portas, minha gente,
Que vem chegando o boi tatá,
Meus netinhos vão correndo,
Vovó Cambinda é devagar.

PONTO DE VOVÓ CAMBINDA DE ANGOLA

ponto de Vovó Cambinda de Angola

Cambinda,
Cambinda vem lá de Angola, (*bis*)
Trazendo a sua sacola,
Seu rosário e patuá.

Cambinda,
Vem na umbanda saravá,
Vem trazer para os seus filhos
As bênçãos de Oxalá.

PONTO DE VOVÓ CAMBINDA DO CRUZEIRO

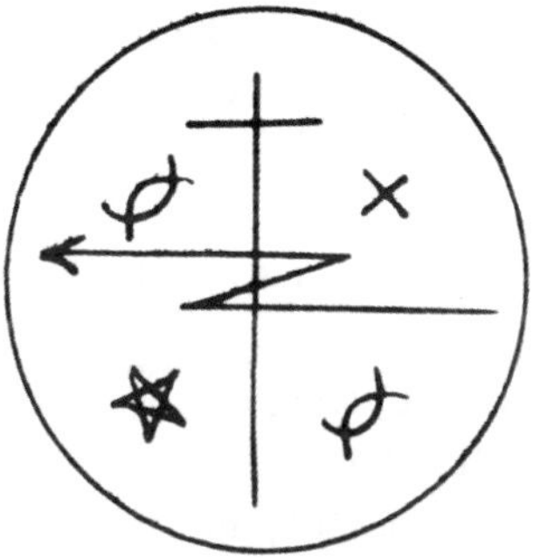

ponto de Vovó Cambinda do Cruzeiro

E preta, é preta, Cambinda,
Cambinda do Cruzeiro é preta, é,
Cambinda.

PONTOS DE VOVÓ CATARINA DA CALUNGA

ponto de Vovó Catarina da Calunga

Catarina da Calunga
Só trabalha pra quem tem fé,
Rezando no cruzeiro santo,
Desfazendo as demandas,
Orando pra São Miguel.

A estrela que ilumina o céu,
A lua que clareia a Aruanda,
Vovó Catarina da Calunga
Trabalha vencendo demandas.

PONTO DE VOVÓ CATARINA DAS ALMAS

Chegou, chegou, chegou,
Chegou no Terreiro,
Chegou, chegou, chegou,
A vovó Catarina feiticeira.

PONTOS DE VOVÓ CATARINA DE ANGOLA

Lá na Angola ê,
Lá na Angola ê,
Catarina é de Angola, umbanda,
É de angolê. (*bis*)

ponto de Vovó Catarina de Angola

Na Angola tem uma velha,
Que trabalha com vela acesa,
Com galhinhos de arruda
E um copo sobre a mesa.
A sua mironga é forte,
Mas não faz mal a ninguém,
Trabalha com as Almas Santas,
Com o rosário de Belém.

PONTO DE VOVÓ CATARINA DE ARUANDA

ponto de Vovó Catarina de Aruanda

Catarina de Aruanda
É uma velha feiticeira,
Com guiné e com arruda,
E rosário de algibeira.
É uma velha formosa,
Joga com sete vinténs.
O seu ponto é seguro,
Só trabalha para o bem.

PONTOS DE VOVÓ CHICA DA GUINÉ

Vovó Chica da Guiné,
Trabalhando para o bem,
Quando chega no Terreiro,
Sua banda mironga tem.

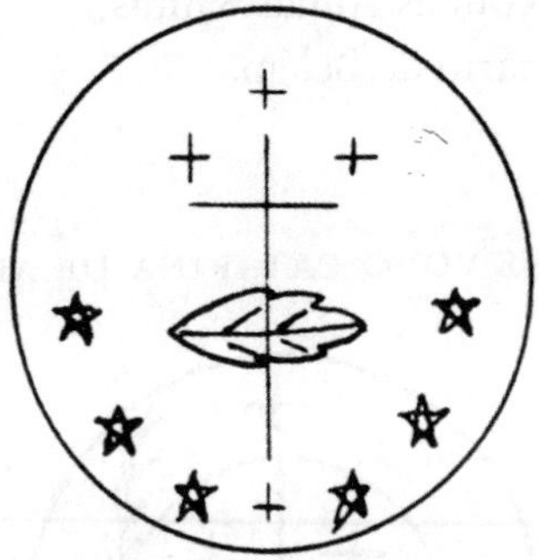

ponto de Vovó Chica da Guiné

Tem mironga, minhas Almas,
Tem mironga na Guiné,
Tem mironga de Vovó Chica,
Tem mironga, mironga tem.

PONTO DE VOVÓ CHICA DA PRAIA

ponto de Vovó Chica da Praia

O luar brilha nas águas
Do reino santo de Yemanjá.
Vovó Chica, lá na praia,
Trabalha com seu patuá.
As ondas benditas do mar
Quebram todas as mirongas.
Vovó Chica da Praia
Vem na umbanda saravar.

PONTOS DE VOVÓ CONGA DO CRUZEIRO

Vovó Conga do Cruzeiro
Tem um lindo patuá.
Quando chega na umbanda
Ela é dona de gongá.

ponto de Vovó Conga do Cruzeiro

Na Aruanda tem uma velha
Que trabalha no Cruzeiro.
Chame Vovó Conga,
Que acabou o cativeiro.
Aê, aê, Vovó Conga,
Acabou-se o cativeiro.
Aê, minha preta velha,
Acenda o seu candieiro. (*bis*)

PONTO DE VOVÔ CONGO

ponto de Vovô Congo

Quem trabalha na Linha de Congo,
Vovô Congo, é de congo aruê,
Quem trabalha na Linha de Congo
Agora é que eu quero ver.

PONTO DE VOVÔ FELÍCIO

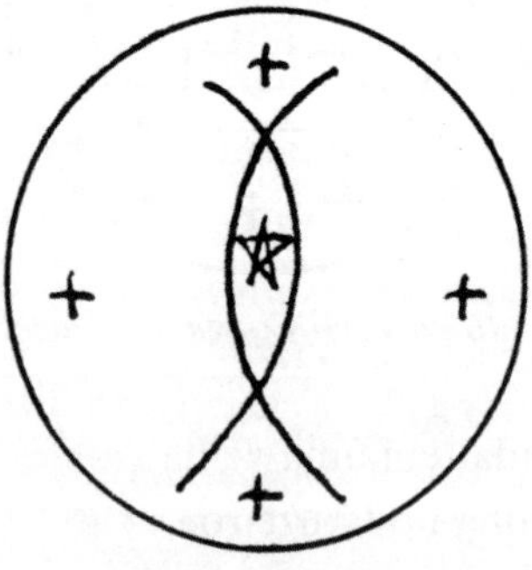

ponto de Vovô Felício

Quenguerê, quenguerá,
Preto Velho vem de Luanda,
Quenguerê, quenguerá,
Vovô Felício vem de umbanda.

PONTO DE VOVÓ GANGA

Chega vovó, chega vovó,
Chega vovó, é de ganga maior.
Só tem saia, só tem saia,
Só tem saia, pra quê paletó?

PONTO DE VOVÔ JULIÃO

ponto de Vovô Julião

Vovô é congo
E caminha devagar. (*bis*)
A bênção das Almas Santas,
Vovô Julião vem pra trabalhar.

PONTO DE VOVÔ JULIÃO DA GUINÉ

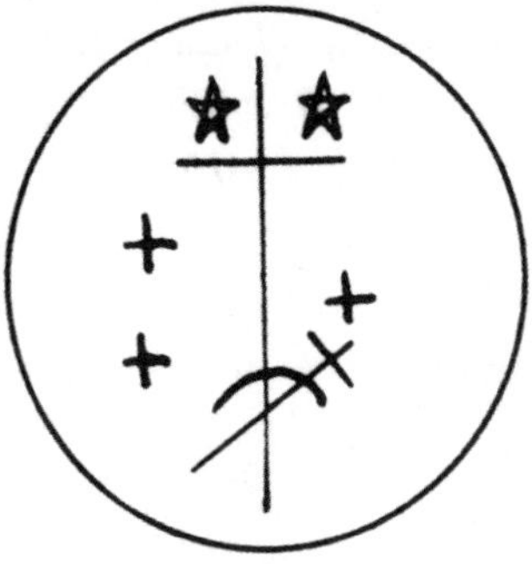

ponto de Vovô Julião da Guiné

Auê, meu São Benedito,
Auê, Santo Antônio de fé,
Saravá, vovô Julião,
Vovô Julião da Guiné.

PONTOS DE VOVÓ LUIZA DA GUINÉ

Vovó Luiza é preta velha,
Trabalha pra quem tem fé.
Quando chega na umbanda,
Ela vem lá da Guiné.
Guiné, Guiné, Guiné,
Ela vem lá da Guiné. (*bis*)
Guiné, Guiné, Guiné,
Só trabalha pra quem tem fé.

ponto de Vovó Luiza da Guiné

É velha formosa, é,
Vovó Luiza da Guiné.
Quando baixa no Terreiro,
Vem louvando a nossa fé.

PONTOS DE VOVÓ LUIZA DE ARUANDA

Uma estrela brilhou lá no céu,
Meu filho, vá ver o que é. (*bis*)
É Vovó Luiza de Aruanda,
Que vem chegar pra salvar filhos de fé.

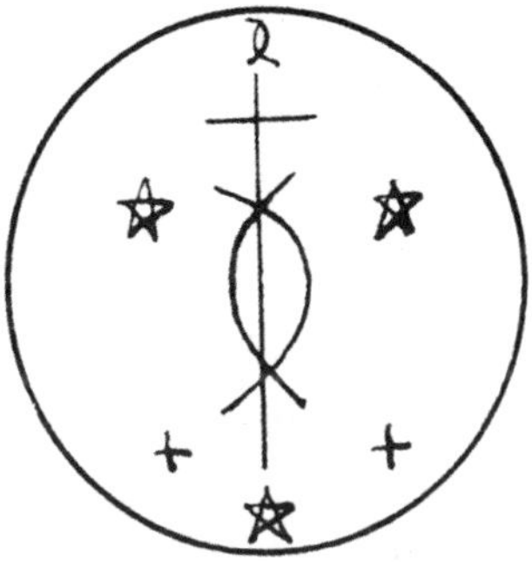

ponto de Vovó Luiza de Aruanda

Na Aruanda não tem guerra,
Na Aruanda só tem paz.
Vovó Luiza é quem sabe,
Só bondade ela faz. (*bis*)

PONTOS DE VOVÓ LUIZA DE MINAS

Carreiro bom,
Fazenda de vaquejada,
Vovó Luiza trabalha,
Na cancela é sua morada. (*bis*)

ponto de Vovó Luiza de Minas

Ai, meu Deus do céu,
Tempestade está no ar,
Valei-me, Vovó Luiza,
Para todo o mal levar. (*bis*)

PONTO DE VOVÓ LUIZA DO MAR

ponto de vovó Luiza do Mar

Na marola das águas de Iemanjá,
Uma velha eu vi trabalhando. (*bis*)
Era Vovó Luiza do Mar,
Que nesta umbanda linda vem chegando.

PONTOS DE VOVÓ MARIA CHICA DE QUIMBANDA

Preta-velha feiticeira
Que trabalha na quimbanda,
Vovó Maria Chica mirongueira,
Saravá a sua banda.

ponto de Vovó Maria Chica de Quimbanda

Demanda com ponto de fogo,
Vovó Maria Chica sabe desmanchar.
Sua quimbanda é para o bem,
Pra todo mal segurar.

PONTOS DE VOVÓ MARIA CONGA

Conga cruza com Cambinda,
Quando vem pra trabalhar,
Maria Conga vem por terra,
Cambinda vem pelo mar.

ponto de Vovó Maria Conga

Quequequerequê, ô ganga,
Vovó Maria Conga é ganga. (*bis*)
Saravá sua umbanda, é ganga,
Vovó Maria Conga é ganga.
Saravá sua quimbanda, é ganga,
Vovó Maria Conga é ganga.

PONTOS DE VOVÓ MARIA CONGA DE ANGOLA

Meu Santo Antônio é pequenino,
Tem coroa de guiné.
Vovó Maria Conga de Angola
Trabalha pra quem tem fé.

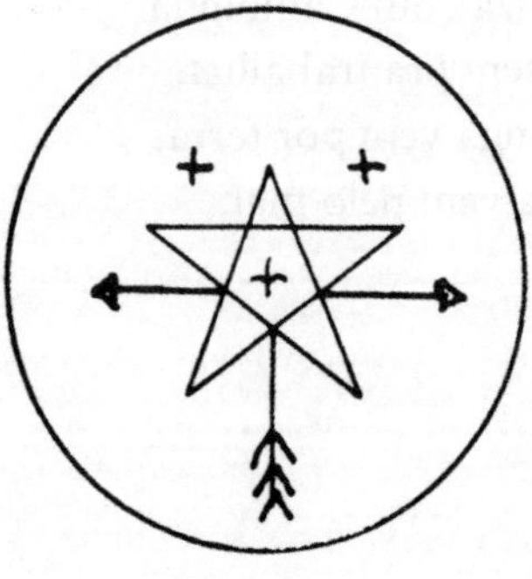

ponto de Vovó Maria Conga de Angola

Bateu tambor na Angola,
Repinicou no gongá.
É Vovó Maria Conga chegando,
Trazendo de Angola o seu patuá.

Na Angola, auê,
Na Angola, auá,
Chame Vovó Maria Conga de Angola
E vamos saravá.

PONTO DE VOVÓ MARIA CONGA DO CRUZEIRO

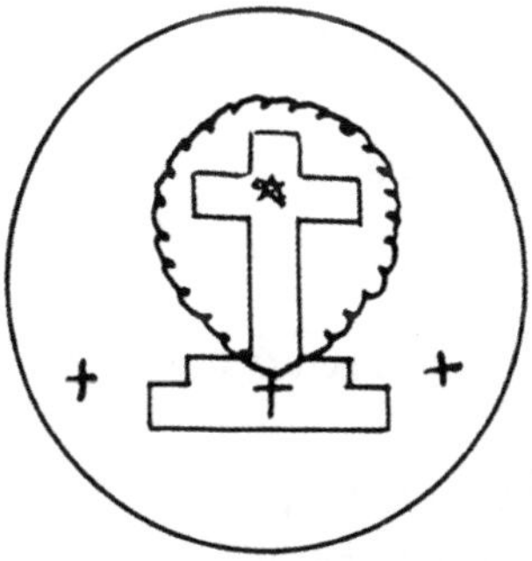

ponto de Vovó Maria Conga do Cruzeiro

Lá no Cruzeiro santo e bendito,
Vovó Maria Conga não trabalha só.
Tem um velho ao seu lado,
Pai Benedito está sentado
Na porta do roncó.

PONTO DE VOVÓ MARIA REDONDA

ponto de Vovó Maria Redonda

Quem vem lá,
Que combate demandas,
Linha de Congo,
É Maria Redonda.

PONTOS DE VOVÓ RITA DA GUINÉ

Vem de longe mesmo,
Caminhando sem parar.
Vovó Rita da Guiné,
Vem salvar o seu gongá.

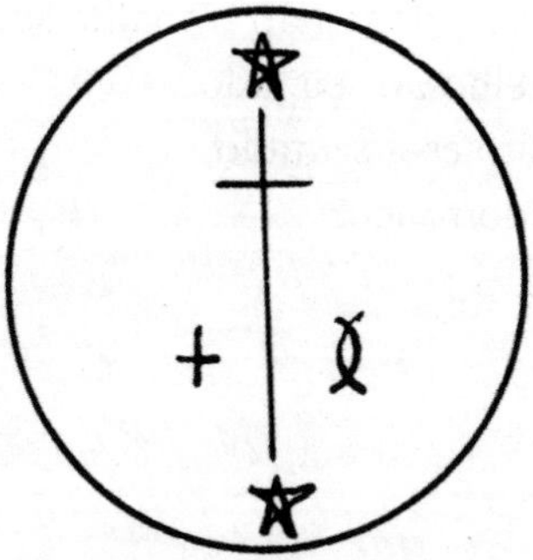

ponto de Vovó Rita da Guiné

Preta Velha chegou aqui,
Preta Velha chegou no Terreiro.
Vovô Rita da Guiné,
Pra demandar com feiticeiro.
Ela tem sua mandinga,
Forte é seu patuá,
Quando chega na umbanda,
Vem na fé de Oxalá.

PONTO DE VOVÓ RITA DO CRUZEIRO

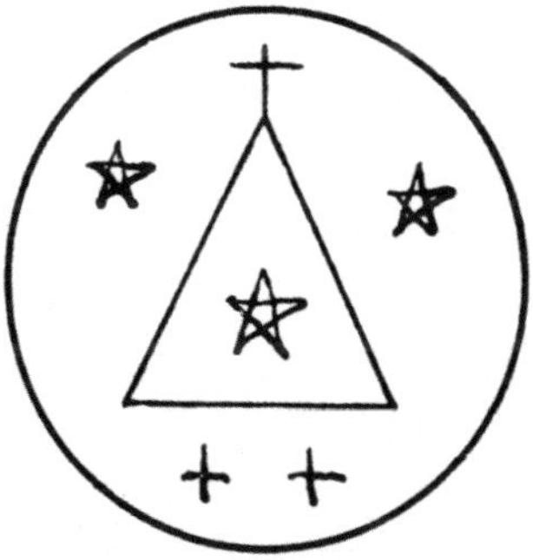

ponto de Vovó Rita do Cruzeiro

Vovó Rita do Cruzeiro
Não deixa ninguém no caminho
Valei-me, minha Vovó Rita,
Não me deixe ficar sozinho.

PONTOS DE PRETOS-VELHOS (SUBIDA)

Pretos-velhos vão embora,
Vão na fé de Oxalá.
Quem firmar seu pensamento,
Todo mal eles vão levar.

Lá na Aruanda,
Onde canta a juriti,
Pretos-velhos vão embora,
Deixam seus "cavalos" aqui.

Chuva vem,
Cadê seu chapéu? (*bis*)
A estrada é longa,
Eles vão devagarinho. (*bis*)

Eles vivem no meio das flores,
Olhando o céu,
Beirando o mar. (*bis*)
Eles são Pretos-velhos de umbanda,
Que vão pra Aruanda,
Para trabalhar. (*bis*)

Adeus, adeus,
Eles vão embora,
Fiquem com Deus
E com Nossa Senhora.
Adeus, adeus,
Eles vão embora,
Fiquem com Deus
E com Nossa Senhora.

Adeus, umbanda,
Pretos-velhos vão embora. (*bis*)
Adeus, umbanda,
Fiquem com Deus,
A bênção, Nossa Senhora. (*bis*)

TERCEIRA PARTE

A outra banda

A QUIMBANDA É O OUTRO LADO DA MOEDA EM RELAÇÃO À umbanda: é o lado dos espíritos que ainda estão em um baixo grau de evolução, que ainda têm um longo caminho pela frente em direção à Luz Divina. É impossível negar sua existência. Tudo no mundo tem seu oposto. O bem se opõe ao mal, a luz à treva. Assim Deus criou o mundo, assim diz a lei de Cristo, assim diz a lei da umbanda.

É necessário distinguir, primeiramente, entre nossos irmãos do espaço em processo de evolução, que são os espíritos pertencentes às legiões da quimbanda, e os *quiumbas*, espíritos extremamente atrasados, sem nenhuma luz, que sentem prazer em fazer o mal. Um exu não é um quiumba: o exu já atingiu alguma elevação espiritual e, embora ainda necessite da orientação dos guias iluminados, já trabalham na senda do bem, embora ainda estejam dedicados basicamente aos assuntos do mundo material.

Aqueles que buscam a ajuda dos espíritos para satisfazer más ambições e fazer o mal, encontram em seu caminho apenas quiumbas, que lhe darão o que desejam, em troca de um alto preço em sua vida espiritual.

Segundo os mestres da umbanda, o chefe supremo da quimbanda, o Maioral, é Lúcifer, o anjo caído. O mais belo, sábio e luminoso de todos os anjos do céu, ao se deixar levar pelo orgulho e desejar tornar-se o primeiro entre os filhos de Deus, foi por este arremessado no mundo inferior, junto com seus companheiros rebeldes. Essa foi a origem do reino da quimbanda que, desde então, passou a acolher as almas pouco evoluídas, embora proporcionando-lhes oportunidades de crescer em luz e sabedoria.

O reino da quimbanda é dividido em dois grandes povos: o povo das ruas, chefiado por Exu Rei, e o dos cemitérios, governado por Omolu.

POVO DAS RUAS

Me valha, Exu na encruzilhada! Sem Exu eu não sou nada!

Na religião dos nagôs, Exu foi o filho mais velho de Oxalá e Iemanjá. Muito brincalhão, fez tantas trapalhadas, que Olorum (o criador) ordenou que ele passasse a obedecer aos outros orixás. Desde então, Exu se tornou um mensageiro, que leva aos deuses os pedidos dos mortais.

Como compensação, entretanto, Olorum fez com que Exu seja o dono dos caminhos, da vitalidade e da energia. Nada anda para a frente sem sua permissão. Por isso, ele é o primeiro a receber oferendas em todos os rituais: estando satisfeito, Exu fecha os caminhos para os inimigos e abre os caminhos para o progresso do fiel.

Na umbanda, os exus são legiões de espíritos em desenvolvimento, que constituem os povos das ruas e dos cemitérios. O Povo da Rua tem espíritos masculinos e femininos. Os primeiros são os exus; os segundos, as pomba-giras. Este nome vem de Bombogiro, que é o inquice banto correspondente ao exu nagô.

Exus e pomba-giras têm sua própria organização em Legiões e Falanges, cada uma com seu chefe. Os chefes supremos são Exu Rei e Pomba-gira Rainha. Entretanto, mesmo estes têm a quem prestar contas: todos os exus estão sob o controle de São Miguel das Almas, o Arcanjo Miguel, chefe das hostes dos anjos celestes. Como vencedor do demônio, São Miguel é encarregado de controlar os espíritos que ainda se encontram em um nível relativamente baixo de desenvolvimento, mais suscetíveis portanto a serem seduzidos por presentes para que façam o mal atendendo a pedidos de pessoas mal-intencionadas.

Exus e pomba-giras são servidores dos orixás e dos caboclos que chefiam respectivamente as Linhas e as Legiões da umbanda. Portanto, todo filho ou filha-de-fé, tendo seu santo e seus guias, terá também seu exu (ou pomba-gira) que lhe dará proteção no dia-a-dia.

O Povo das Ruas trata de todos os assuntos externos à casa: o trabalho, a carreira, as viagens, a proteção contra todos os tipos de problemas e ameaças. Esses espíritos não são chamados nas sessões comuns de umbanda. Eles trabalham na chamada "outra banda", que é a quimbanda. As sessões de quimbanda são realizadas com muito cuidado, sob a proteção de caboclos e pretos-velhos, para que os filhos-de-fé não sofram nenhum mal.

Uma sessão dos exus, quando bem conduzida e com as cantigas adequadas, tem um efeito benfazejo enorme; através de tais sessões é que nos livramos dos nossos inimigos, resolvemos problemas cruciantes, conseguimos vencer as demandas. Mas é prejudicial, tanto para o mortal quanto para o espírito, que façamos pedidos destinados a fazer o mal a alguém. Como os exus estão progredindo no plano espiritual, sua ascensão será atrasada sempre que eles praticarem o mal a alguém; por isso, para ajudá-los, devemos sempre lhes endereçar pedidos de defesa, sem que tenhamos que atacar terceiros.

Além disso, uma lei da magia diz que tudo que fizermos ao próximo voltará para nós mesmos multiplicado por três. Portanto, é melhor para nós próprios pedir proteção e abertura de nossos caminhos, em vez de pedir a realização de malefícios que mais cedo ou mais tarde recairão sobre nossa vida.

Exus e pombas-giras são vivos, alegres e sensuais. Usam roupas em que se combinam o preto e o vermelho, além de jóias e outros adereços dourados. Sua saudação é: *Laroiê*! (no candomblé) ou: *Saravá*! (na umbanda).

Desde que o Dia das Bruxas da tradição inglesa (31 de outubro) se tornou conhecido no Brasil, essa data vem sendo adotada como o dia das pomba-giras e dos exus uma vez que a feitiçaria é sua área de atuação.

PONTOS DE EXU (EM GERAL)

Pontos de chamada

Tá chegando a meia-noite,
Tá chegando a madrugada. (*bis*)
Salve o povo de quimbanda,
Sem Exu não se faz nada (*bis*)

Cambono, segura a cantiga,
Que está chegando a hora. (*bis*)
Saravá toda a encruza,
Exu é quem manda agora. (*bis*)

O garfo de Exu é firme,
A capa de Exu me rodeia, (*bis*)
Já passei na encruzilhada,
Vaguei pela madrugada,
Exu não bambeia. (*bis*)

Pontos de firmeza

Missarandê, missarandê,
Me fecha a porta, me abre o Terreiro.
Missarandê, missarandê,
Me fecha a porta, me abre o Terreiro.

Sala, salá
Mucarrêro, ê salá.
Sala, salá
Mucarrêro, legbará.

Tem morador, de certo tem morador,
Tem morador, de certo tem morador,
Na porta meu galo canta,
De certo tem morador. (*bis*)

Pontos de louvação

Exu chegou no reino,
Meu Deus, quero ver quem é. (*bis*)
Com licença de Ogum, com licença de Ogum,
Chegou meu Exu de fé. (*bis*)

Boa noite, boa noite,
Exu tá no reino e vai dar boa noite.
Boa noite, boa noite,
Exu vem saravá e me dar boa noite.

Boa noite, gente,
Boa noite já. (*bis*)
Olha o sapo que pula no chão,
Andorinha que voa ao luar. (*bis*)

Exu, louvei,
Exu, louvei a encruzilhada. (*bis*)
Louvei morada de Exu,
Louvei a rua e a madrugada.

Meu Senhor do Campo Santo,
Nas horas santas benditas, (*bis*)
Quem louva povo de Exu
Não passa horas malditas. (*bis*)

Boa noite, meu senhor,
Exu no reino chegou, (*bis*)
Vamos louvar nossa quimbanda,
Viva Exu que é doutor. (*bis*)

Pontos de subida

Balança lhe pesa,
É hora, é hora,
Dom Miguel lhe chama,
O Exu já vai embora.

Bateu meia-noite na capela
O galo cantou na encruzilhada. (*bis*)
Arrume sua capa e seu garfo, meu Exu,
O meu Pai Ogum lhe chamou na madrugada

A encruza tá lhe chamando,
Firma a gira deste jacutá.
Seu (*dizer o nome do exu*) já vai embora,
Firma a gira deste jacutá.
Sua banda é muito longe,
Firma a gira deste jacutá.
Ele vai deixar o endá,
Firma a gira deste jacutá.

Candongueiro, quando chama,
É sinal que está na hora.
Candongueiro, quando chama,
É que Exu já vai embora, Maria.
Maria, amarra a saia que Exu vai embora,
Maria, amarra a sala que Exu tá na hora. (*bis*)

Exu já curimbou, Exu já curiou,
Exu vai embora que Ogum mandou.
Exu já curimbou, Exu já curiou,
Exu vai embora que a encruza chamou.

Cambono, camboninho meu, meu cambono,
Olha que Exu vai oló. (*bis*)
Vai, vai, vai, meu cambono,
Ele vai numa gira só. (*bis*)

É hora, é hora, é hora no calendá, é hora,
É hora, é hora, é hora no calendá, é hora,
É hora no calendá, é hora,
É hora, meus bons Exus, é hora é hora.

PONTOS DE EXU NO CANDOMBLÉ ANGOLA

Mavile, mavile, mavile, mavango
Recompensuê, rá, rá, rá,
Recompensuá.

É um mavile, mavile,
É um mavile, mavango. (*bis*)
Exu é pavenã (*bis*)
Exu é pavenã (*bis*)
Na sua aldeia ele é
Exu é pavenã.

É Pombo Gira, Pombo Gira,
Pombo Girá
É Pombo Gira, Pombo Gira,
Pombo Girá.

Có, coró, có,
Laroiê,
Có, coró, có,
Laroiê.

Pombo Girê, auê, Pombo Girê, auê,
Pombo Girê, vá muconguê
Pombo Girê, vá muconguê.

Pombo Gira, vá muconguê
Olá, orirê (*bis*)
Pombo Gira mujacunjanjo
Pombo Gira vá muconguê,
Olá, orirê. (*bis*)

Exu é nan,
Exu é nan à querê quetê,
Legbára, Exu é nan,
Legbára, Exu à querê.

Toma lá, zéco zéco,
Óia seu curiá.
Toma lá, zéco zéco,
Óia seu curiá.

Bombogira vem tomá chô chô.
Bombogira vem tomá chô chô.

Tenda, tendá
Pombo Gira, tendaió
Tenda, tendá
Pombo Gira, tendaió

Ponto de exilo (angola)

Mavile congo, macotô ilê, mavilê
Mavile congo, macotô ilê, mavilê.

EXUS SUBORDINADOS À LINHA DE IBEJADAS

Ponto de Exu Calunguinha do Mar

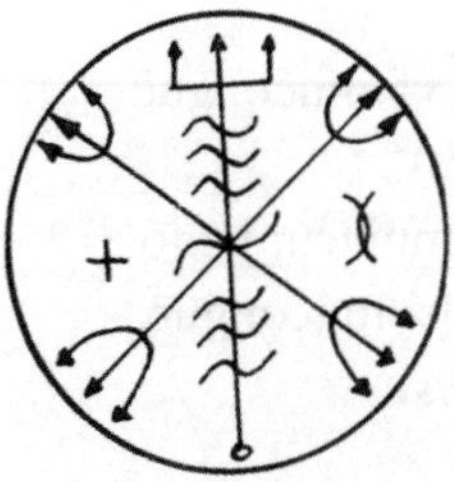

ponto de Exu Calunguinha do Mar

Meia-noite, a maré vazante
Lua veio anunciar. (*bis*)
Eu já vou vencer demanda.
Saravá, Calunguinha do Mar. (*bis*)

Pontos de Exu Ganga

ponto de Exu Ganga

Ganga lelê, ganga lelê
Ele é Exu Ganga.
Ganga lelê, ganga lelá
Ele é Exu Gangá.

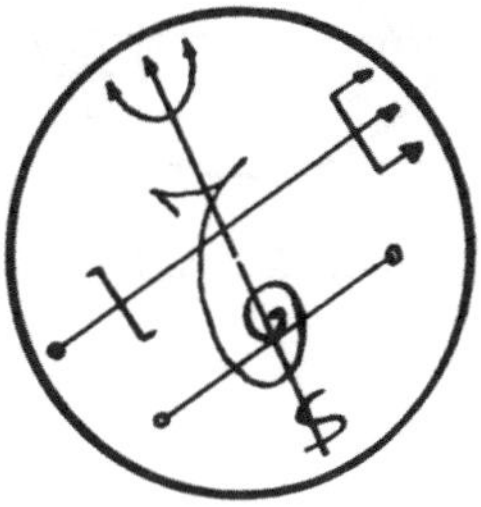

ponto de Exu Ganga

E qui Ganga ê,
É qui Ganga ô,
Exu Ganga é de quimbanda
Ô qui ganga ô.

Pontos de Exu Lalu

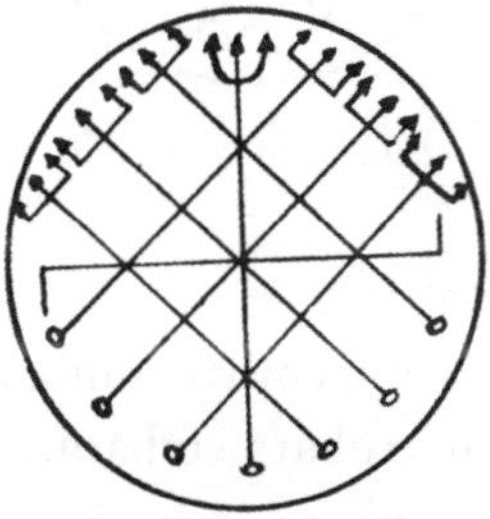

ponto de Exu Lalu

Lalu era anjo do céu
E do céu foi despejado. (*bis*)
Na tronqueira da calunga
Tem seu ponto confirmado.
O seu ponto é firme, ele é Exu.
O seu ponto é firme, é Exu Lalu. (*bis*)

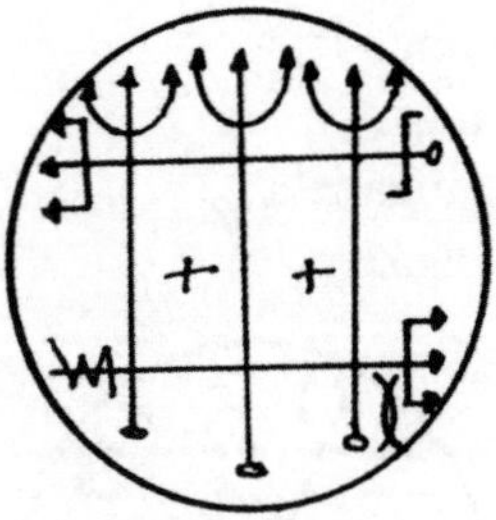

ponto de Exu Lalu

Ele é Lalu, Lalu
Ê laroiê.
Ele é Lalu, Lalu
Ê laroiê. (*bis*)

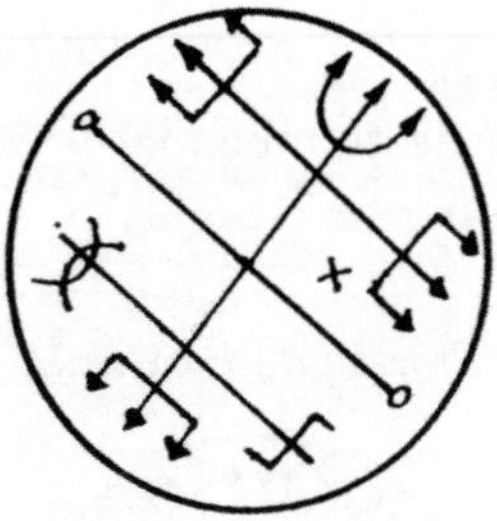

ponto de Exu Lalu

Ô embara, embará,
Não me faz assim, embara embará. (*bis*)
Banda de Exu, embara embará,
De Exu Lalu, embara embará. (*bis*)

Pontos de Exu Mirim

Ele é Exu,
É Exu Mirim.
Não me nega nada,
Sempre me diz sim.

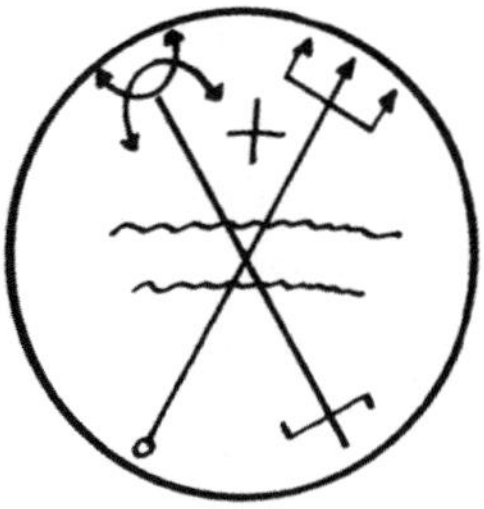

ponto de Exu Mirim

Exu Mirim é o meu exu de fé,
Exu Mirim é pequeno na quimbanda,
Exu Mirim saravando a encruza,
Exu Mirim vencendo suas demandas.

Exu Mirim é um exu formoso,
Ele é exu de fé. (*bis*)
Tem um pai e tem um mano,
Esse mano é Lúcifer. (*bis*)

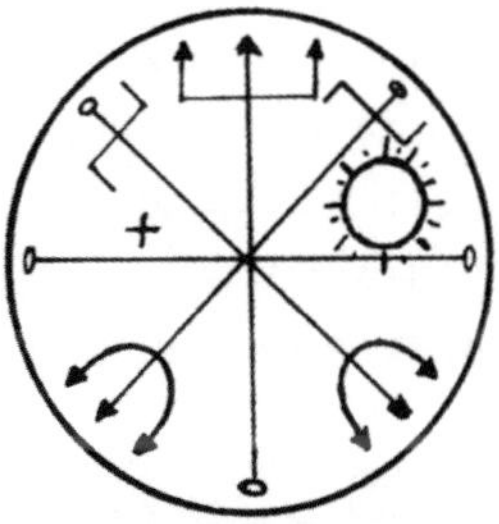

ponto de Exu Mirim

Fá, fá, fá lemí ebó
Fá, fá, fá lemí ebó
Fá lemí ebó
Exu Mirim despacha ebó.

Pontos de Exu Tiriri

Deu uma ventania, é ganga,
No alto da serra. (*bis*)
Era Rei Tiriri, ô ganga,
Que veio para a terra (*bis*)

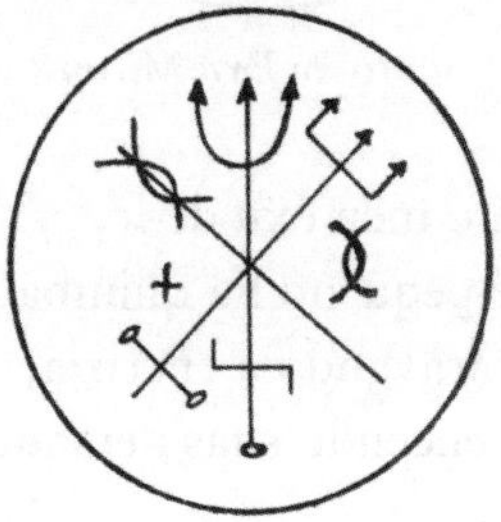

ponto de Exu Tiriri

Quando o galo canta,
As almas se levantam
E o mar recua.
É quando os anjos do céu dizem amém,
E o pobre lavrador diz Aleluia,
Viva a Aleluia, viva a Aleluia,
Rei Tiriri, viva a Aleluia,
Viva a Aleluia, viva a Aleluia,
Rei Tiriri, viva a Aleluia.

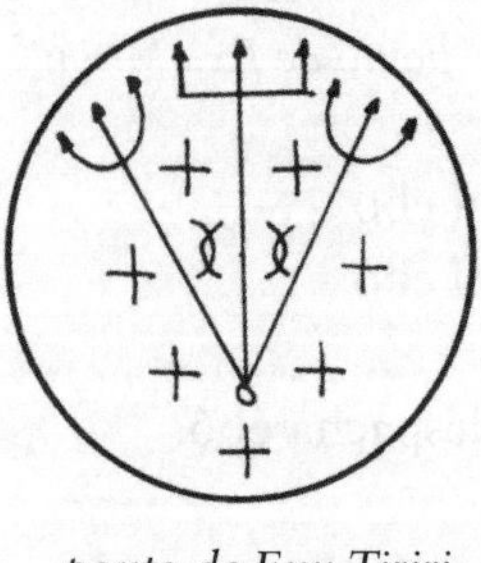

ponto de Exu Tiriri

Ele se chama Tiriri,
Nasceu em Mato Grosso,
Se criou em Nazaré, em Nazaré;
É filho de um xavante,
Neto de um navegante,
Tiriri é um Rei, é,
É um Rei, é, é um Rei, é,
É um Rei, é, é um Rei, é. (*bis*)

Exu que é Rei de Quimbanda,
Tem sete obés de ouro. (*bis*)
Saravá, Seu Tiriri
É meu Rei e meu tesouro. (*bis*)

Pontos de Exu Toquinho

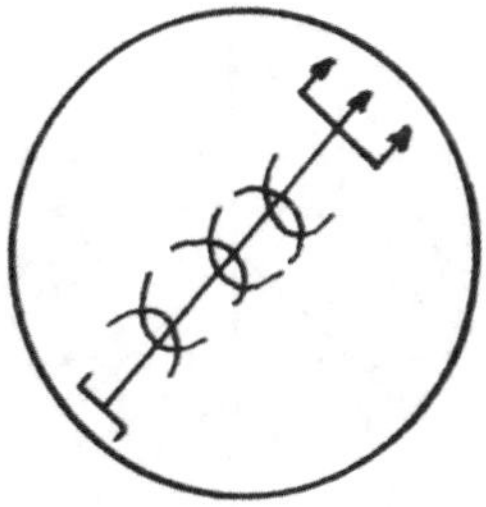

ponto de Exu Toquinho

Exu matou seu galo,
Dividiu em pedacinhos. (*bis*)
Depois de repartir,
Só ficou com um bocadinho. (*bis*)
Ele é Exu, mas é muito bom,
Seu Toquinho gosta dos seus irmãos. (*bis*)

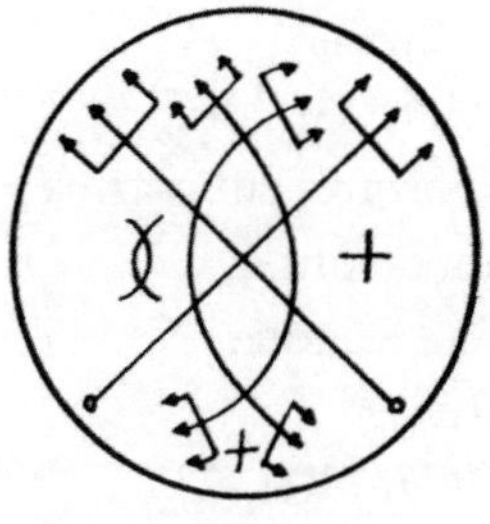

ponto de Exu Toquinho

Seu Toquinho é bom,
É muito bom de coração. (*bis*)
Ele salvou seu pai e mãe,
Para ganhar a salvação. (*bis*)

Pontos de Pomba-gira Menina

ponto de Pomba-gira Menina

Olha que menina linda,
Olha que menina bela,
É Pomba-gira Menina
Me chamando da janela. (*bis*)

ponto de Pomba-gira Menina

Ela é uma beleza,
É Pomba-gira Menina. (*bis*)
Na demanda não bambeia,
Sua morada é na esquina. (*bis*)

EXUS SUBORDINADOS À LINHA DE IEMANJÁ

Pontos de Exu Maré

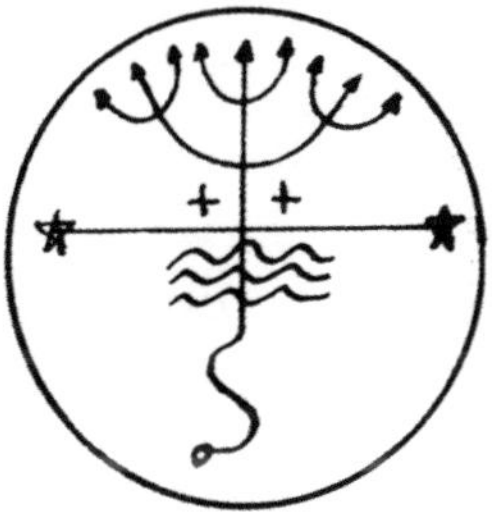

ponto de Exu Maré

Ele vem nas ondas do mar
Pra mostrar quem ele é.
Vem para vencer demandas,
Ele é Exu Maré. (*bis*)

Exu Maré é Rei na Quimbanda,
Exu Maré é Rei, ele é,

Nas suas demandas não nega fogo,
Trabalhando nas encruzas,
Ele é Exu Maré.

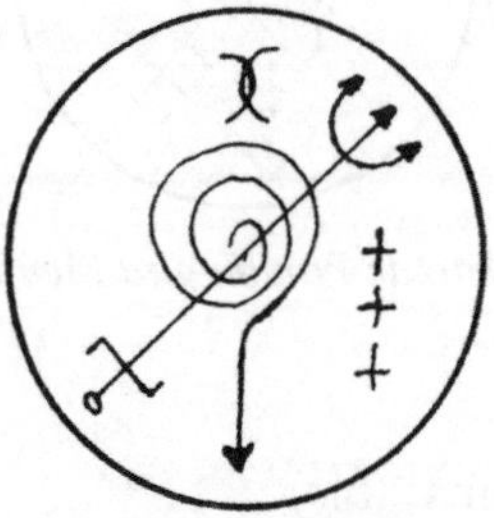

ponto de Exu Maré

Quando a maré escoa,
A praia vai ficando vazia (*bis*)
É Exu Maré que vem chegando,
Saravando encruzilhadas,
Fazendo sua magia. (*bis*)

Chegou Exu Maré
Para todo o mal lavar,
Chegou Exu Maré
Para nos descarregar. (*bis*)

Pontos de Pomba-gira

Iansã que lhe deu força
É rainha no candomblé. (*bis*)
Vamos saravá a rainha,
Pomba-gira, exu mulher. (*bis*)

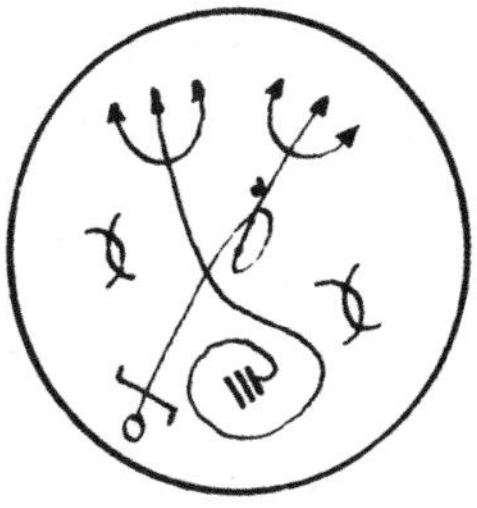

ponto de Pomba-gira

Pomba-gira dá querê,
Pomba-gira dá querá,
Pomba-gira na encruza,
É de quará quá quá.

Aê, Pomba-gira,
Cadê sua saia rodada? (*bis*)
Cadê sua saia linda,
Rainha de encruzilhada?

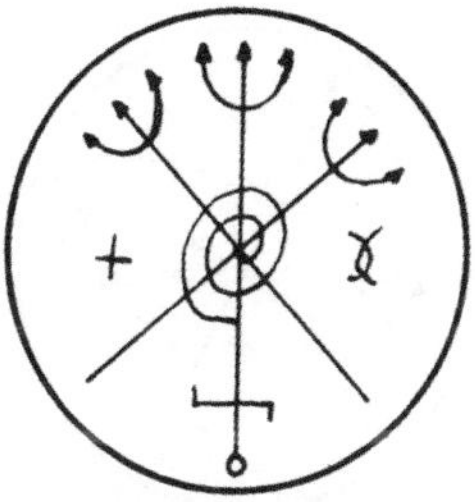

ponto de Pomba-gira

Pomba-gira, aê, aê,
Pomba-gira é de Maceió.
Aonde mora Pomba-gira?
Ela mora no Maceió. (*bis*)

Aê, Pomba girê, Pomba girá,
Aê, Pomba girê, Pomba girá,

Aê, Pomba girê, Pomba girá,
Pomba-gira carrega mandinga pro fundo do mar.

Pontos de Pomba-gira Cigana

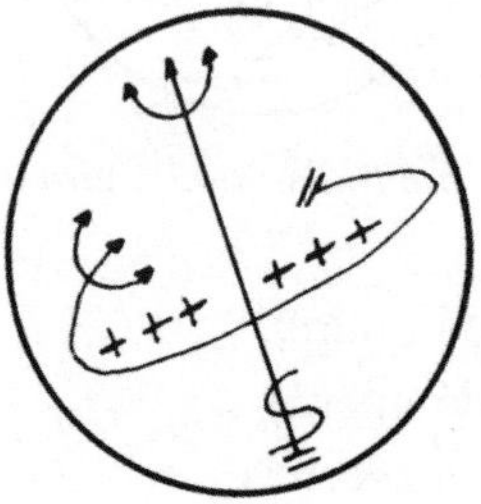

ponto de Pomba-gira Cigana

Dona Pomba-gira Cigana,
Leva o que tem pra levar, (*bis*)
Leva a minha quizila,
Leva bem para o fundo do mar. (*bis*)

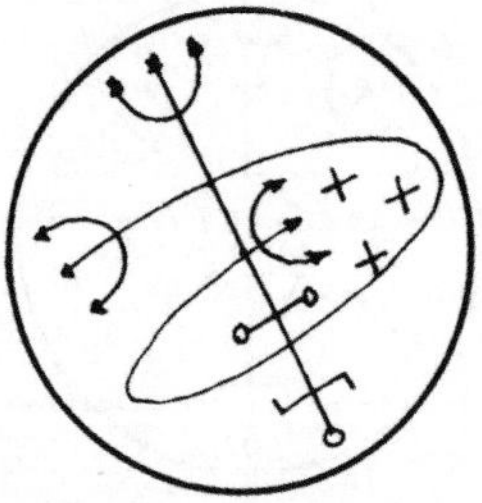

ponto de Pomba-gira Cigana

Vinha caminhando a pé
Para ver se encontrava
Pomba-gira Cigana de fé. (*bis*)
Ela parou e leu minha mão,
E disse-me toda a verdade.
Eu só queria saber onde mora
Pomba-gira Cigana de fé. (*bis*)

Pomba-gira Maria Mulambo

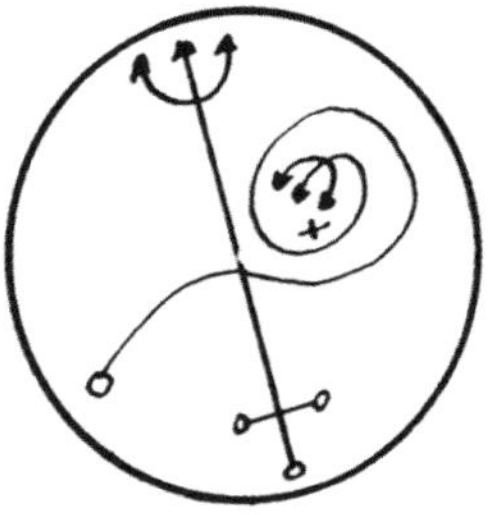

ponto de Maria Mulambo

Olha, minha gente,
Ela é farrapo só. (*bis*)
Pomba-gira Maria Mulambo,
É de coró, có có. (*bis*)

Maria Mulambo traz
Linda saia com sete guizos. (*bis*)
Quando roda nos Terreiros,
Trabalhando nas demandas,
Mostra que tem muito juízo.

ponto de Maria Mulambo

Mas que caminho tão escuro
Que vai passando aquela moça, (*bis*)
Com seus farrapos de chita,
Estalando osso por osso. (*bis*)

Pontos de Pomba-gira Maria Padilha

Maria Padilha,
Rainha do candomblé,
Firma curimba
Que tá chegando mulher.

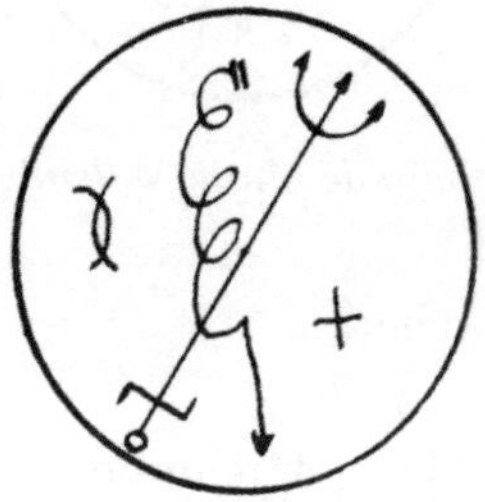

ponto de Pomba-gira Maria Padilha

Maria Padilha,
Traz linda coroa de ouro. (*bis*)
Oi saravá, Rainha linda da Quimbanda,
Sua proteção é um tesouro. (*bis*)

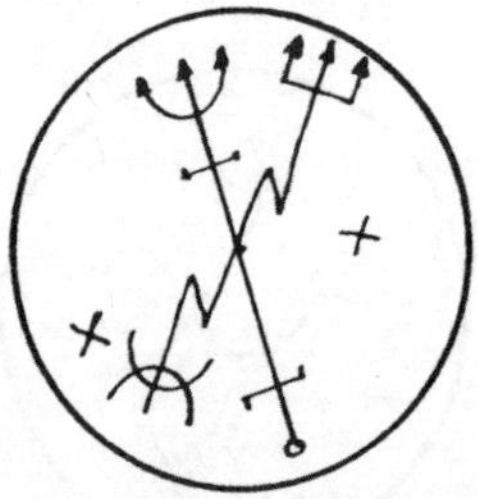

ponto de Pomba-gira Maria Padilha

De onde é que Maria Padilha vem,
Onde é que Maria Padilha mora? (*bis*)
Ela mora na mina de ouro,
Onde o galo preto canta,
Onde criança não chora. (*bis*)

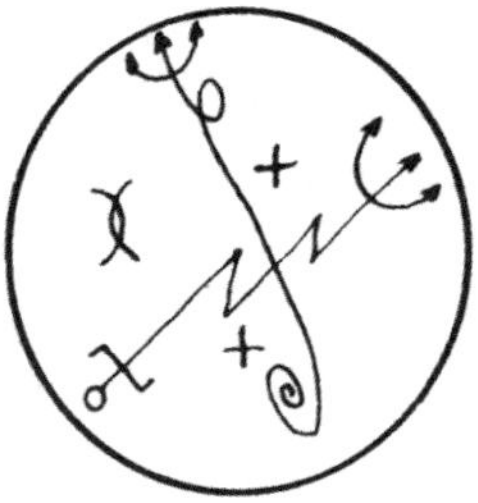

ponto de Pomba-gira Maria Padilha

Ela é Maria Padilha,
Da sandalinha de pau. (*bis*)
Ela trabalha pro bem,
Mas também trabalha pro mal. (*bis*)

Pontos de Pomba-gira Maria Quitéria

Quando eu bato palmas,
Saravá a encruzilhada. (*bis*)
Saravá exu mulher,
Saravá Maria Quitéria,
Rainha da madrugada. (*bis*)

ponto de Pomba-gira Maria Quitéria

Existe um exu mulher,
Que não passeia à toa.
Quando passa pela encruza,
Maria Quitéria não vacila,
Ela não faz coisa boa.

Ali vem Sá Maria Quitéria
Trazendo um axé no pé,
Balançando sua saia,
Reforçando a nossa fé.

Pontos de Pomba-gira da Praia

A marola do mar já vem rolando,
Pomba-gira da Praia já deu sua risada.
Ela é mulher bonita, muito formosa,
Trabalhando na areia ou na encruzilhada.

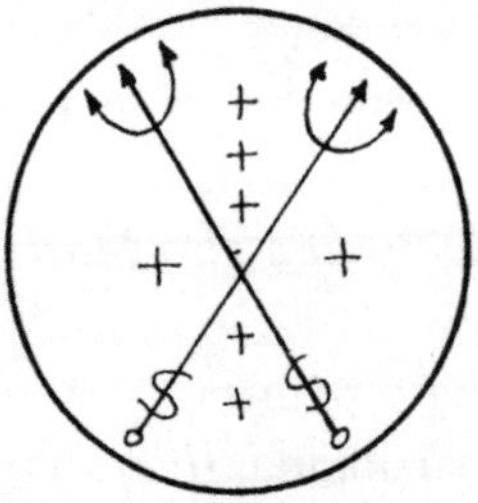

ponto de Pomba-gira da Praia

Quererê, quererê,
Pomba-gira da Praia é quererê.
Quererê, quererá,
Sua gira é formosa, ôi, saravá.

Quem quiser vá ver,
Quem não crê que vá olhar.
Pomba-gira da Praia, meu sinhô,
Vem nas ondas do mar, vem nas ondas do mar.

Pontos de Pomba-gira Rainha

Meu sinhô, meu sinhôzinho,
Gargalharam na encruzilhada. (*bis*)
Era Pomba-gira Rainha, sinhô,
Que reinava na madrugada. (*bis*)

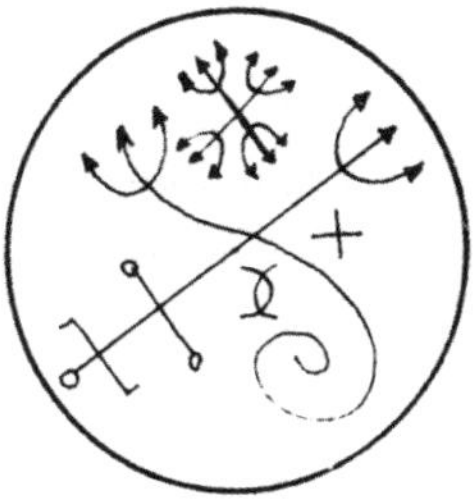

ponto de Pomba-gira Rainha

Queiram bem a Exu,
Queiram bem a Exu, gente. (*bis*)
Eu quero bem a Dona Rainha,
Queiram bem a Exu, gente.

Ela está no reino, auê,
Ela vem saravá, auá,
Pomba-gira Rainha, auê,
É Rainha do Mal, auá.

Auê, Pomba-gira Rainha,
Comanda a madrugada. (*bis*)
Quando chega nas encruzas,
Dá logo sua gargalhada.

EXUS SUBORDINADOS À LINHA DE OGUM

Ponto de Exu Marabô Toquinho

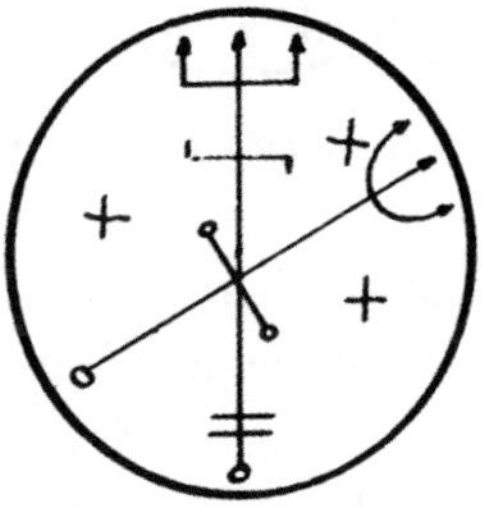

ponto de Exu Marabô Toquinho

Ele é Marabô Toquinho,
Dono do canto da rua.
Ele quando pega a demanda,
É sempre Ogum quem manda,
Pedaço por pedacinho. (*bis*)

Pontos de Exu Tira-teima

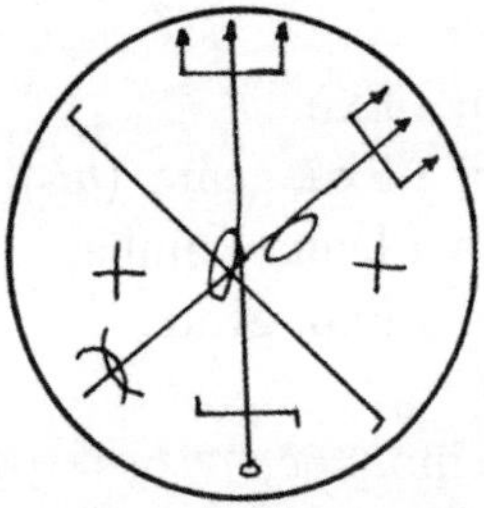

ponto de Exu Tira-teima

Ganga ê, lelê
Ganga ê, lelá. (*bis*)
Gira cum ganga é malelê,
Exu Tira-teima é mojubá. (*bis*)

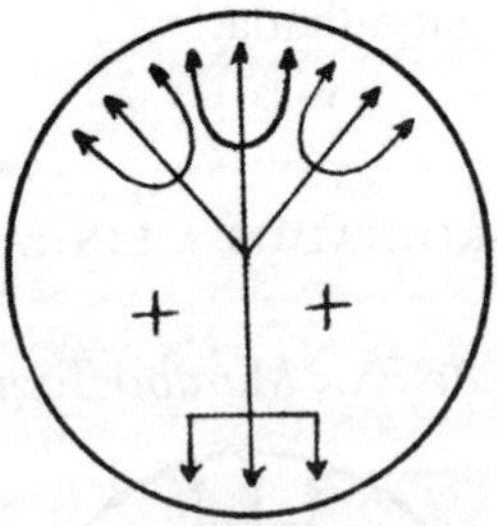

ponto de Exu Tira-teima

Exu Tira-teima é homem nobre,
Exu Tira-teima é homem nobre,
Exu Tira-teima é homem nobre,
Na gira da Quimbanda é homem nobre.

Pontos de Exu Tranca Gira

Com o seu terno preto,
Sua bengala de embira,
Ele é muito elegante,
Saravá, seu Tranca Gira.
Ele vem na madrugada,
Com sua linda cartola.
Chega e dá logo boa noite,
Mas não gosta de quem lhe amola.

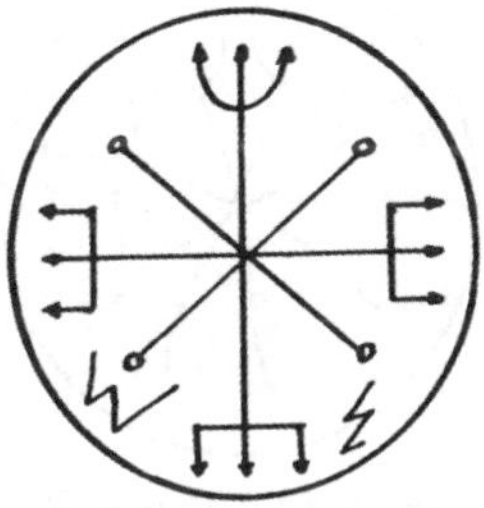

ponto de Exu Tranca Gira

Tava dormindo
Quando a banda me chamou. (*bis*)
Se levanta, minha gente,
Tranca Gira já chegou. (*bis*)

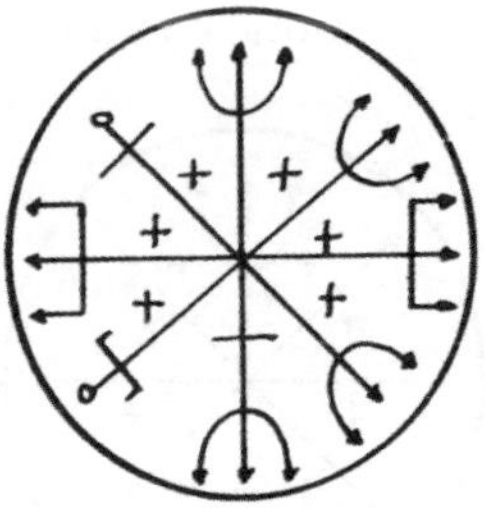

ponto de Exu Tranca Gira

Tranca, tranca, tranca,
Tranca, tranca, tranca,

Tranca, ele vem trancar.
Tranca Gira vai chegar. (*bis*)

Pontos de Exu Tranca Ruas

Na encruzilhada tem um Rei,
Esse Rei é seu Tranca Ruas. (*bis*)
Na outra esquina tem mais um Rei,
É seu Tiriri com a rainha Pomba-gira. (*bis*)

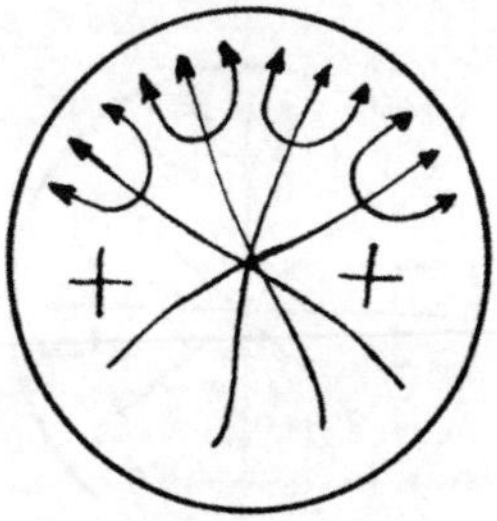

ponto de Exu Tranca Ruas

Tranca Ruas matou seu gato,
Mas não quis comer sozinho
Chamou seus camaradas
E dividiu em pedacinhos.
Logo chegou seu Lúcifer,
Com a Pomba-gira que é exu mulher. (*bis*)

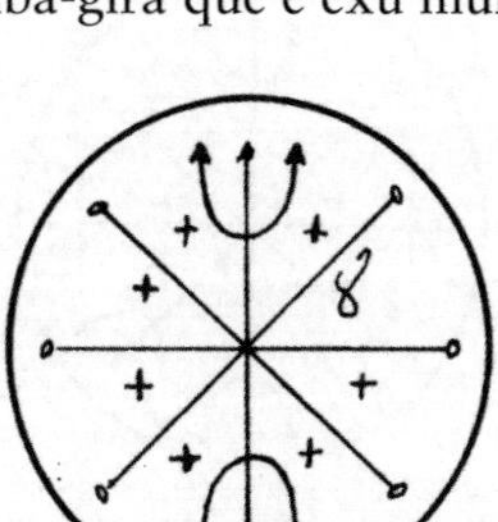

ponto de Exu Tranca Ruas

Soltaram um pombo lá nas matas,
Lá na pedreira não pousou.
Foi pousar na encruzilhada,
Seu Tranca Ruas quem mandou.
Ena, ena, mojubá ê, é mojubá
Ena, ena é mojubá, é mojubá. (*bis*)

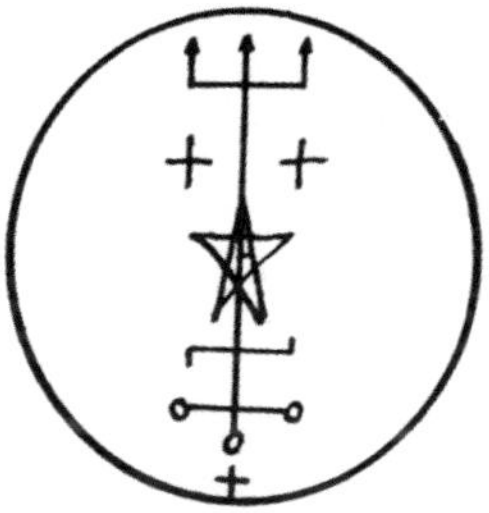

ponto de Exu Tranca Ruas

Seu Tranca Ruas nasceu
Pra cumprir sua missão.
Pela sua inteligência,
Ganhou logo galão.
Ele é exu muito delicado,
Mas se entra em demanda,
Não quer sair mais não. (*bis*)

Pontos de Exu Veludo

Exu pode com fogo,
Ele pode com tudo.
Saravá, Exu Veludo.
Quem demanda comigo
Não chove miúdo.
Saravá, Exu Veludo.

ponto de Exu Veludo

Auê, Veludo,
Seu cabrito deu um berro, (*bis*)
Rebentou cerca de arame,
Estourou portão de ferro. (*bis*)

ponto de Exu Veludo

Descarrega, seu Veludo,
Leva o que tem de levar, (*bis*)
Com sua força bendita,
Leva o mal para o fundo do mar. (*bis*)

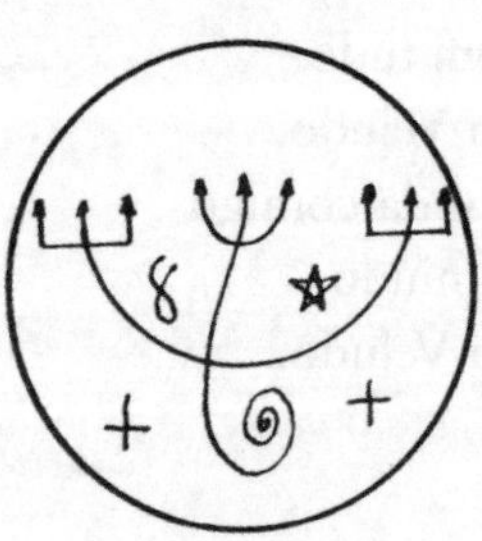

ponto de Exu Veludo

Deu meia-noite, quando o malvado chegou.
Deu meia-noite, quando o malvado chegou.
Era o Exu Veludo, dizendo que era doutor,
Era o Exu Veludo, dizendo que era doutor.
Mas ele é exu, dizendo que é doutor,
Mas ele é exu, irmão do seu Marabô. (*bis*)

Pontos de Exu Vira Mundo

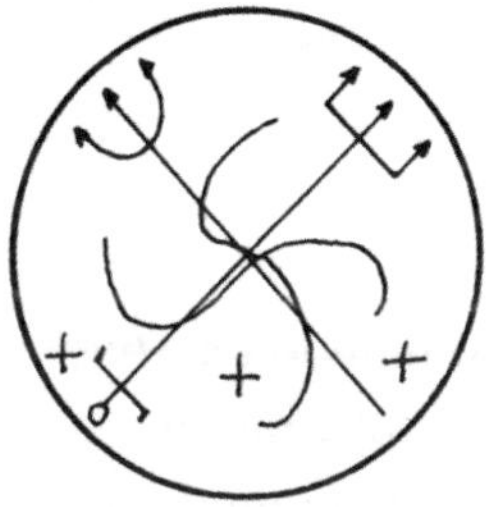

ponto de Exu Vira Mundo

Auê, auê, auê,
Vira Mundo vai chegar,
Auê, auê, auê,
Vai chegar pra trabalhar. (*bis*)

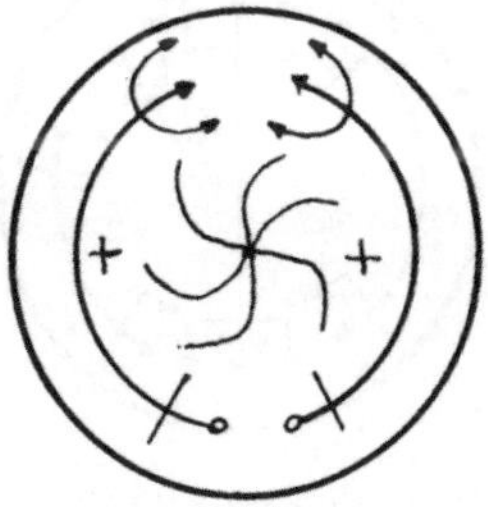

ponto de Exu Vira Mundo

Exu não vem no clarão do sol,
Ele vem no romper da lua. (*bis*)
Saravá, Exu Vira Mundo,

Ele é rei na madrugada
Junto com Seu Tranca Ruas. (*bis*)

ponto de Exu Vira Mundo

Olha, olha,
A volta que o mundo dá. (*bis*)
Auê auê, Seu Vira Mundo,
Olha a volta que o mundo dá. (*bis*)

EXUS SUBORDINADOS À LINHA DE OXALÁ

Ponto de Exu Sete Chaves

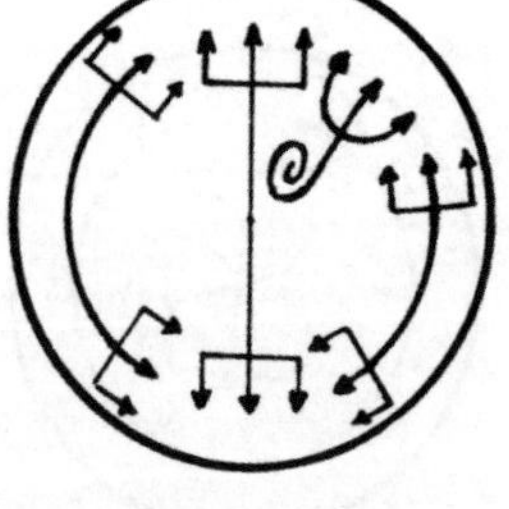

ponto de Exu Sete Chaves

Sete Chaves no inferno
Não promete pra não faltar. (*bis*)
Quando pega uma demanda,
Vitória ele tem pra dar.

Ele é Exu que vence missão (*bis*)
E não escolhe ocasião.

Pontos de Exu Sete Cruzes

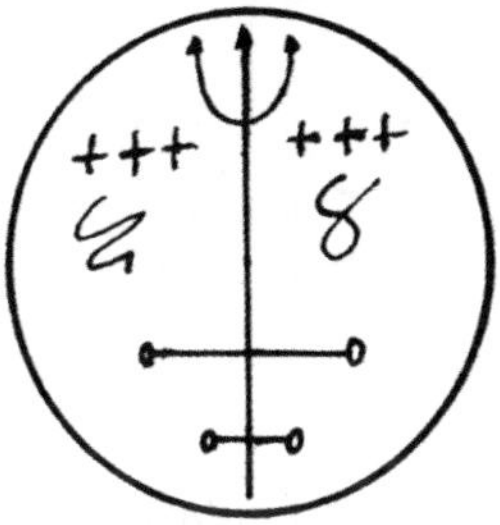

ponto de Exu Sete Cruzes

Seu Sete Cruzes no cruzeiro
Está pra nos ajudar.
Seu marafo e seu dendê
Ele gosta de curiar.

ponto de Exu Sete Cruzes

Seu Sete Cruzes na quimbanda é um rei,
Ele é irmão de Exu Veludo. (*bis*)
Quando chega em sua banda, saravá,
Quebra demanda, quebra tudo. (*bis*)

Pontos de Exu Sete Encruzas

ponto de Exu Sete Encruzas

Corre, corre encruzilhadas,
Sete Encruzas já chegou. (*bis*)
Na porta do cemitério, ouvi uma gargalhada,
Sete Encruzas já chegou. (*bis*)

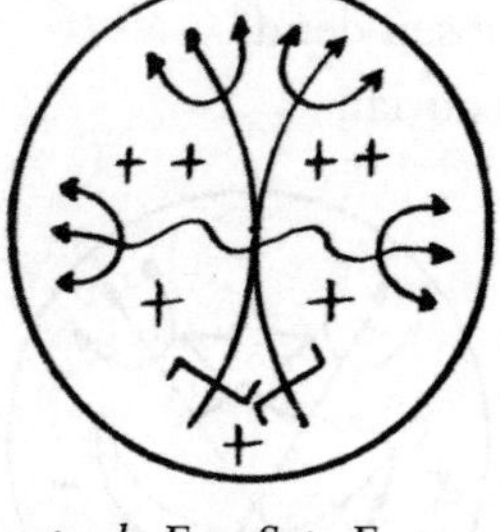

ponto de Exu Sete Encruzas

Pomba-gira chegou no reino,
Pomba-gira no reino chegou.
Ela viu seus sete homens,
Só não viu seu Sete Encruzas.
Ela sacudiu os ombros,
Ela se balanceou,
Voltou para a encruzilhada,
Sete Encruzas ela buscou.

Ponto de Exu Sete Pedras

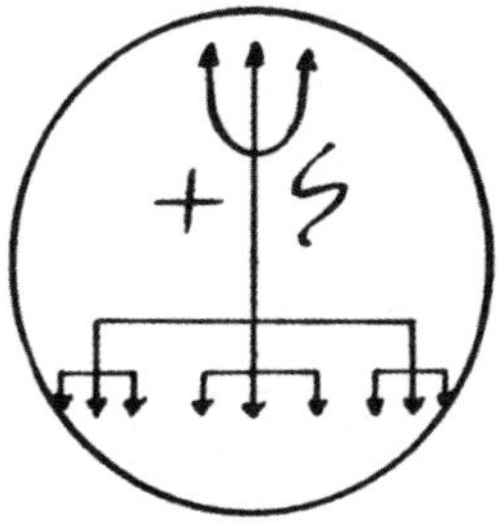

ponto de Exu Sete Pedras

Seu Sete Pedras, livra o caminho que passo.
Seu Sete Pedras, livra o caminho que passo.
Quando ando com Sete Pedras, quando ando com
[Sete Pedras,
Meus caminhos não têm embaraço.

Pontos de Exu Sete Poeiras

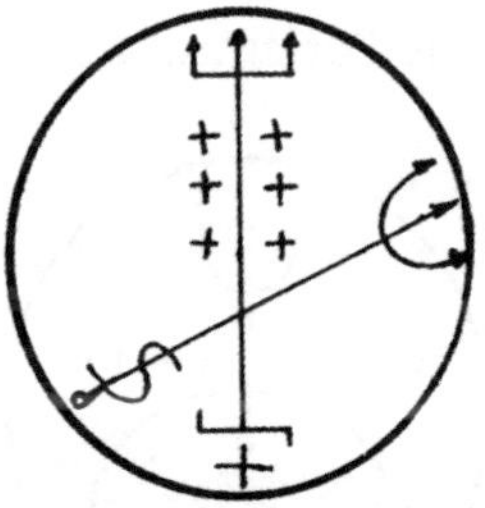

ponto de Exu Sete Poeiras

Sou pequeno de Angola,
Porém já sei escrever.
Sete Poeiras na Quimbanda
Também já sabe ler.
Ele é exu, é um curador,
Ele é exu, é um vencedor. (*bis*)

Se uma brasa me queima,
Meu Santo Antônio é maior.
Saravá, Sete Poeiras,
Ele gira num pé só. (*bis*)

Ponto de Exu Sete Porteiras

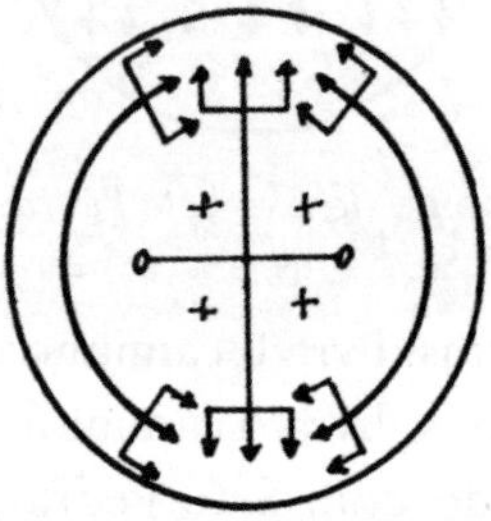

ponto de Exu Sete Porteiras

Na estrada tem um ganga,
Ganga não leva carreira.
Quando a demanda é grande,
Chama por Sete Porteiras. (*bis*)

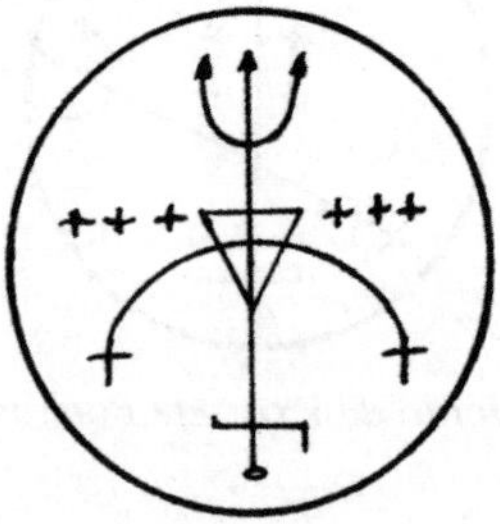

ponto de Exu Sete Porteiras

Exu não é criança
Nem gosta de brincadeira. (*bis*)
Não vagabunda pelas ruas,
Trabalha na encruzilhada.
Saravá, Sete Porteiras. (*bis*)

Ponto de Exu Sete Sombras

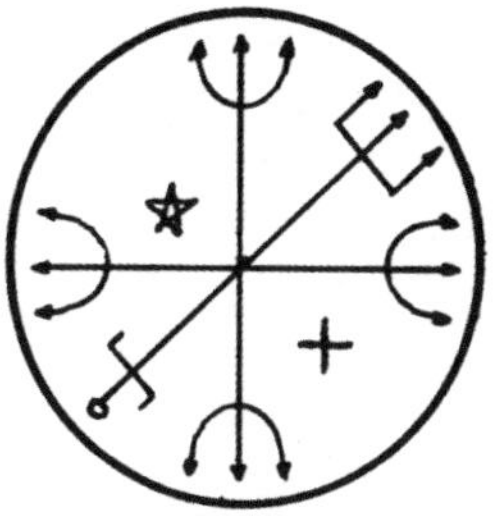

ponto de Exu Sete Sombras

Passeava pelas ruas,
Vagava pelas tronqueiras. (*bis*)
Coral piou no mato alto,
Saravando Sete Sombras,
Morador lá da Limeira. (*bis*)

EXUS SUBORDINADOS À LINHA DE OXÓSSI

Ponto de Exu Campina

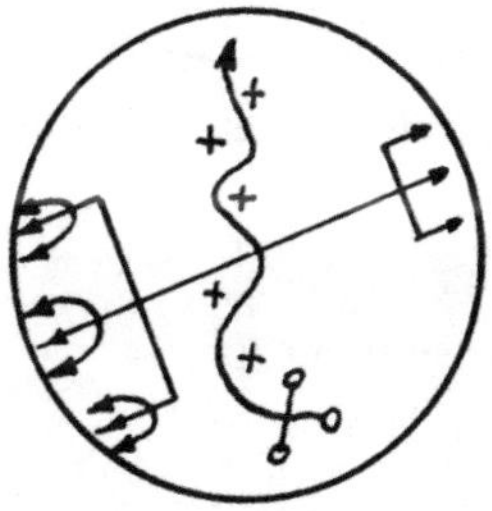

ponto de Exu Campina

Campineiro ê, rerê,
Campineiro á, (*bis*)
Saravá, Exu Campina,
Laroiê, ê mojubá. (*bis*)

Pontos de Exu Capa Preta

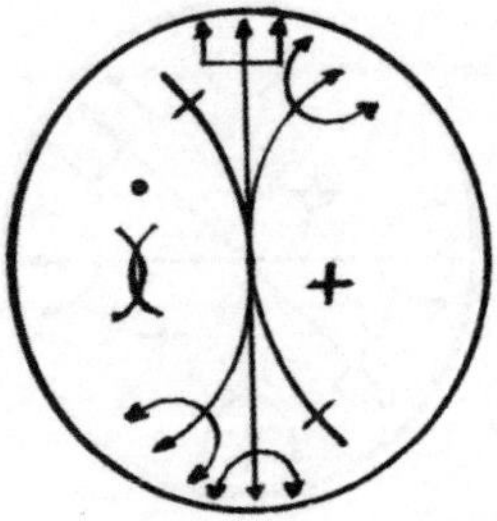

ponto de Exu Capa Preta

Capa Preta no reino
É uma beleza. (*bis*)
Eu nunca vi um exu assim,
Ele é madeira que não dá cupim.

ponto de Exu Capa Preta

Ao ver exu na encruza,
Com ele não se meta. (*bis*)
É ali que ele trabalha,
O reino é de Capa Preta.

Ponto de Exu Lonã

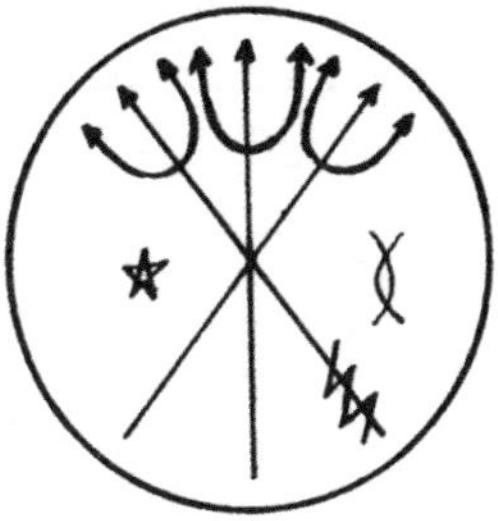

ponto de Exu Lonã

Embarabô,
Ê mojubá, bara lecoché (*bis*)
Ele Exu bara, bara lecoché
Embarabô é mojubá
Para obebé, Exu Lonã, Exu Lonã,
Para obebé, Exu Lonã, Exu Lonã. (*bis*)

Pontos de Exu Marabô

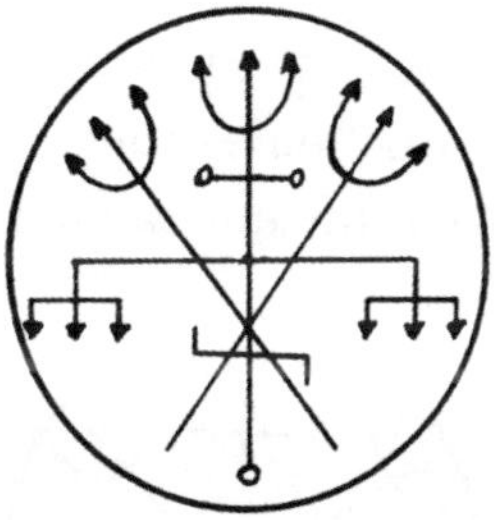

ponto de Exu Marabô

Caminhei pela estrada deserta,
Caminhei sem olhar para a lua, (*bis*)
Até que cheguei na minha morada.
Sou Marabô da encruzilhada,
Sou um dos donos da rua. (*bis*)

Ele vem de longe, mas chega aqui,
E quando vem, alguém lhe chamou. (*bis*)
Vem salvando toda a encruza,
Já chegou seu Marabô. (*bis*)

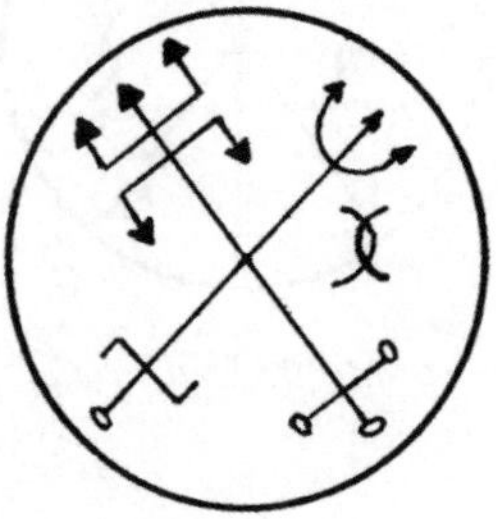

ponto de Exu Marabô

Quem nunca viu
Venha ver,
Marabô na encruza
É de quenguerê.

Vinha passeando pela rua,
Quando ouvi Seu Marabô me chamar. (*bis*)
Louvei a encruza, louvei a lua,
Saravá Seu Marabô, que caminha pela rua. (*bis*)

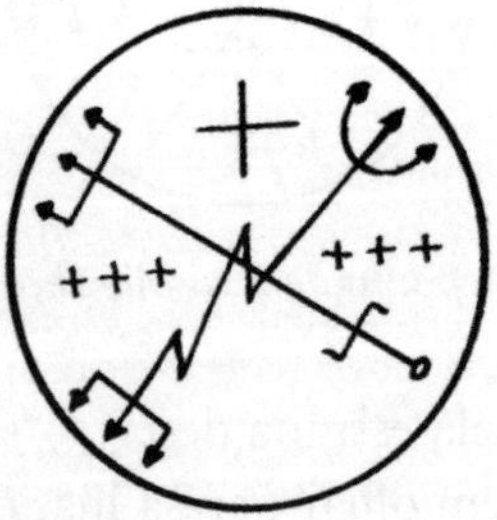

ponto de Exu Marabô

Poeira, poeira,
Poeira de Exu Marabô, poeira,
Poeira de Exu Marabô, poeira,
Poeira da encruzilhada,
Poeira, poeirá.

Pontos de Exu das Matas

ponto de Exu das Matas

Exu das Matas é,
Exu das Matas é,
Exu das Matas é Rei, meu senhor,
Exu das Matas é.

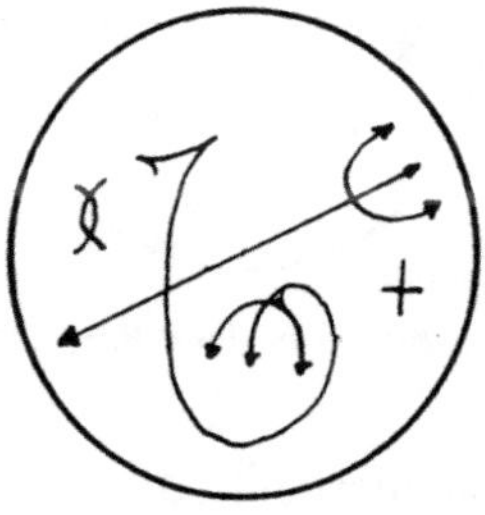

ponto de Exu das Matas

Eu vi um clarão nas matas,
E pensava que era dia. (*bis*)
Era o Exu das Matas
Que fazia sua magia. (*bis*)

EXUS SUBORDINADOS À LINHA DE PRETOS-VELHOS

Pontos de Exu Bará

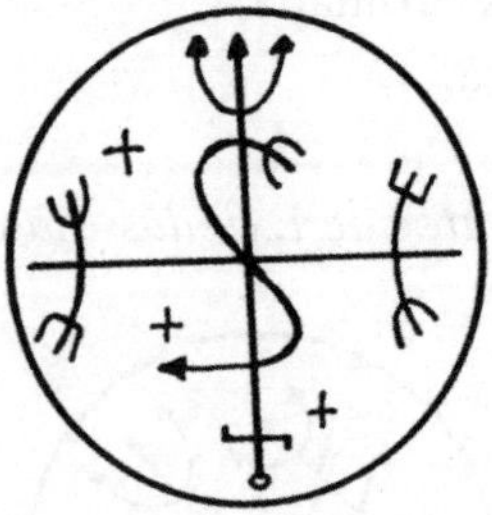

ponto de Exu Bará

Andorinha voou na mata,
Na encruza foi parar (*bis*)
Salve esta Casa Santa,
Salve esta banda linda,
Sarava Exu Bará. (*bis*)

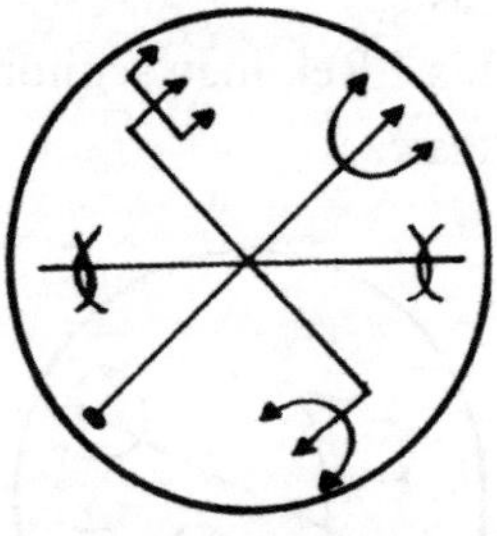

ponto de Exu Bará

Meia-noite na encruzilhada,
O sino bateu blém blém. (*bis*)
O despacho foi arriado,
Foi entregue a Exu Bará,
Que trabalha para o nosso bem. (*bis*)

Ponto de Exu do Lodo

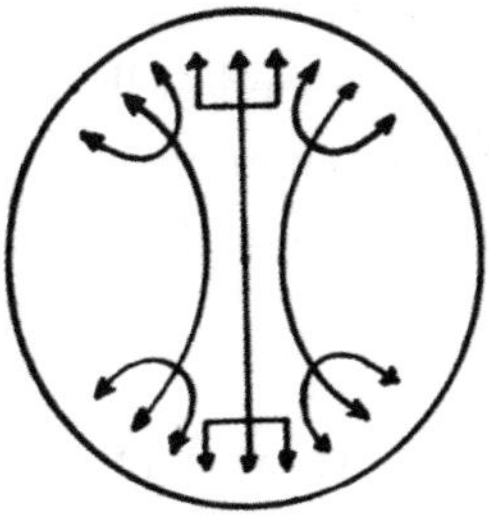

ponto de Exu do Lodo

Na praia deserta eu vi Exu,
Então o meu corpo tremeu todo. (*bis*)
Acendi minha vela e meu charuto,
Arriei minha marafo,
Saravei Exu do Lodo. (*bis*)

Pontos de Exu Pinga Fogo

Pinga Fogo lá na encruza,
Pinga Fogo lá na serra.
Abre a porta, minha gente,
Pinga Fogo tá na terra.

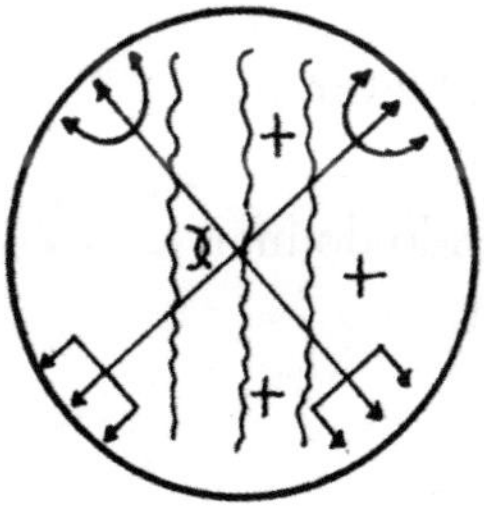

ponto de Exu Pinga Fogo

Eu vi Exu Pinga Fogo
No alto do chapadão,
Comendo jaca madura,
Jogando as verdes no chão.

Seu Pinga Fogo passou na encruzilhada,
Ali encontrou Sá Pomba-gira.
Aproveitou e encomendou-lhe um trabalho,
Despachou-lhe a demanda,
Ficou segurando a gira. (*bis*)

EXUS SUBORDINADOS À LINHA DE XANGÔ

Ponto de Exu Gira Mundo

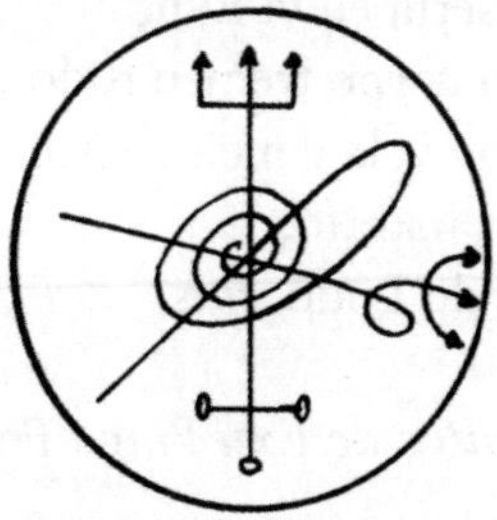

ponto de Exu Gira Mundo

Ê gire, o girá,
Gira Mundo vai chegar,
Ê girê, o girá,
Para todo mal levar,
Ê girê, o girá,
Lá para o fundo do mar,
Ê girê, o girá.

Pontos de Exu Mangueira

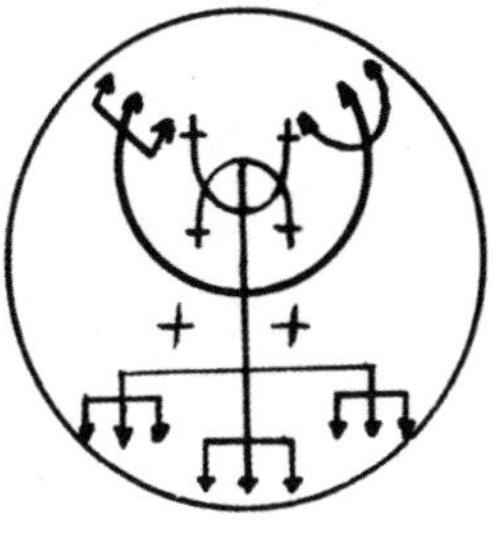

ponto de Exu Mangueira

Viva as Almas,
Viva a coroa e a fé, oi, viva as Almas.
Viva Exu nas Almas,
Ele é Seu Mangueira de fé, oi viva as Almas.

ponto de Exu Mangueira

Exu ganhou garrafa de marafo
E levou na capela pra benzer.
Seu Mangueira correu e gritou:
Na batina do padre tem dendê, tem?
Tem dendê, na batina do padre tem dendê,
Tem dendê, na batina do padre tem dendê. (*bis*)

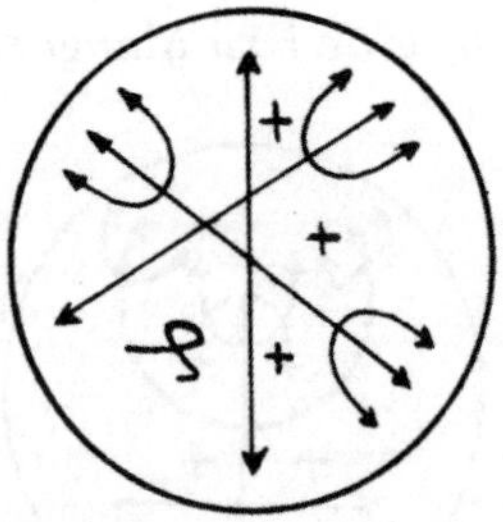

ponto de Exu Mangueira

Exu trabalha de pé,
Não se senta na cadeira. (*bis*)
Gosta de tomar marafo,
De brincar com o seu garfo.
Saravá, Exu Mangueira. (*bis*)

OUTROS EXUS

Pontos de Exu Corta-corta

ponto de Exu Corta-corta

Seu Corta-corta,
Seu Corta-corta,
Segura a gira. (*bis*)

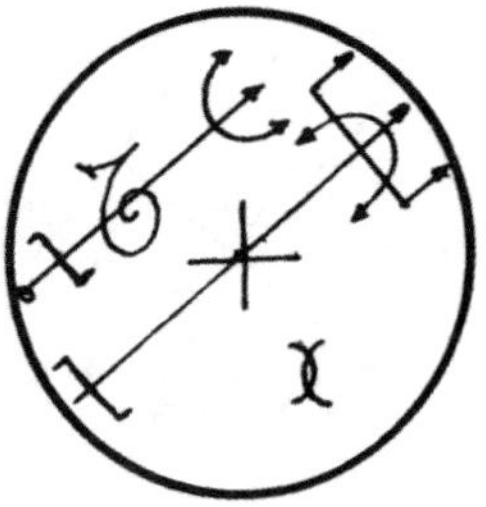

ponto de Exu Corta-corta

Se seu obé é de aço,
O seu garfo é de madeira. (*bis*)
Saravá sua mironga,
Seu Corta-corta é de quimbanda,
Ele mora na Limeira. (*bis*)

Pontos de Exu do Fogo

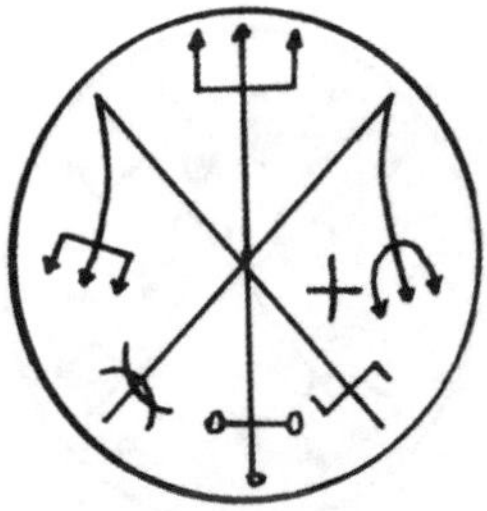

ponto de Exu do Fogo

Valha-me meu Santo Antônio,
Quem se defende não é bobo. (*bis*)
Eu me valho com exu,
Valha-me Exu do Fogo.

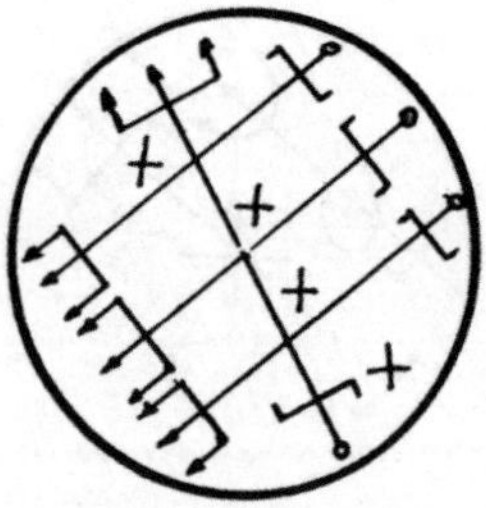

ponto de Exu do Fogo

A encruza estremeceu,
Uma gargalhada soou no além. (*bis*)
Salve Exu que é batizado,
Exu do Fogo não ataca ninguém.
O Exu é bom, não ataca ninguém,
O Exu é bom, não ataca ninguém.

Pontos de Exu Gargalhada

ponto de Exu Gargalhada

Ri, quá, quá, quá,
Olha, Seu Gargalhada tá pra chegar. (*bis*)
Banda de exu vai começar,
É Exu Gargalhada que vai mandar.

Quem ri na encruza é rei,
Quem brilha no céu é a lua,
Exu Gargalhada baixou nesta banda,
Dando suas gargalhadas,
Saravando sua rua.

ponto de Exu Gargalhada

O luar brilhou na mata,
Gato miou na encruza. (*bis*)
Saravei seu Gargalhada,
É Exu meu camarada,
Ninguém com ele abusa.

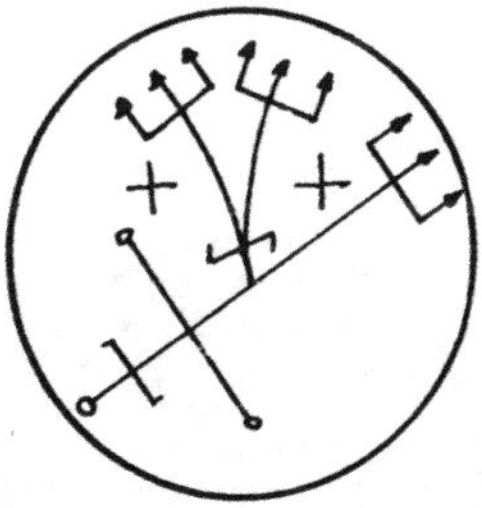

ponto de Exu Gargalhada

Passei pela encruza meia-noite,
Um assovio ouvi e gritei:
Saravá, todo povo da encruza,
Seu Gargalhada, nesta hora me valei! (*bis*)

Quem pensar que o céu é perto,
Nas nuvens não vai chegar,
Seu Gargalhada está rindo
Do tombo que vão levar.

Pontos de Exu Lúcifer

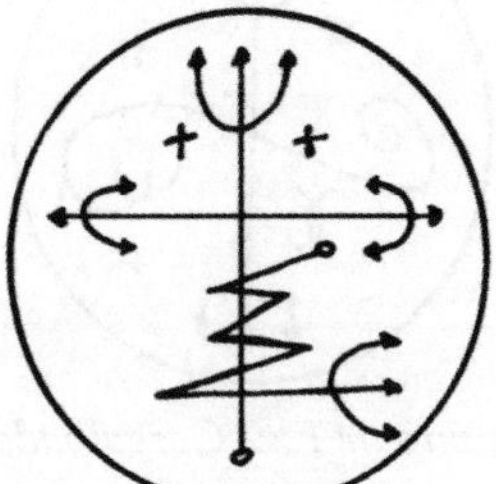

ponto de Exu Lúcifer

Satanás, Satanás,
Lúcifer é Satanás.
Satanás, Satanás,
É um exu, é Satanás.
Lúcifer é Satanás,
Satanás, Satanás.

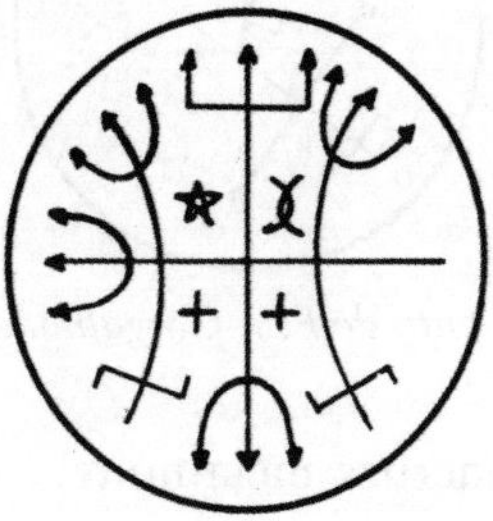

ponto de Exu Lúcifer

Deu meia-noite,
Deu meia-noite já. (*bis*)
Sete facas encruzadas
Em cima de uma mesa,
Quem atirou foi Lúcifer
Pra mostrar quem ele é.

Pontos de Exu Morcego

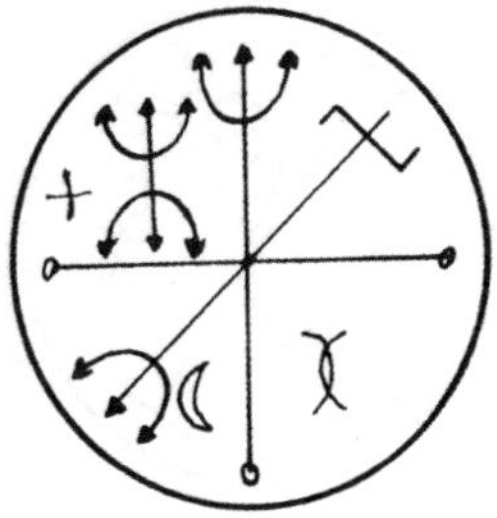

ponto de Exu Morcego

Exu Morcego, ele é homem, é,
Exu Morcego, ele é homem, é,
Exu Morcego, ele é homem, é. (*bis*)
Na gira da quimbanda é homem, é.

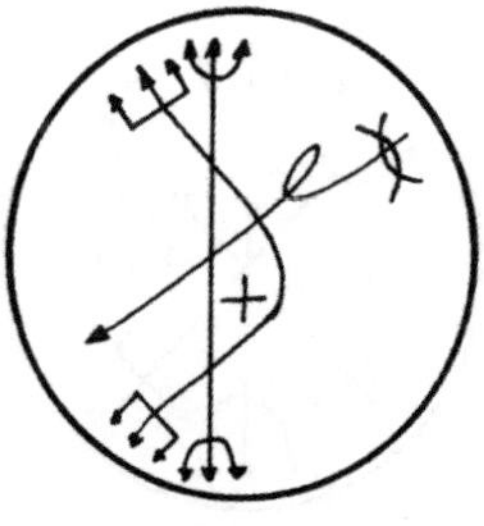

ponto de Exu Morcego

Seu terno branco,
Sua bengala, (*bis*)
Na encruzilhada, quirí, quirí, quirí,
Seu Morcego dá risada. (*bis*)

Pontos de Exu Mulambo

ponto de Exu Mulambo

Vejam seu terno branco,
É todo mulambo só, (*bis*)
Mas ele é Rei de Quimbanda,
Seu Mulambo não rejeita ebó

ponto de Exu Mulambo

Exu Mulambo é maroto,
Só olha pra moça bela.
Com sua garrafa de oti
Fica chamando da janela.
Ele é Seu Mulambo, é um exu,
Seu fetiche leva pena de urubu. (*bis*)

Ponto de Exu Pedra Negra

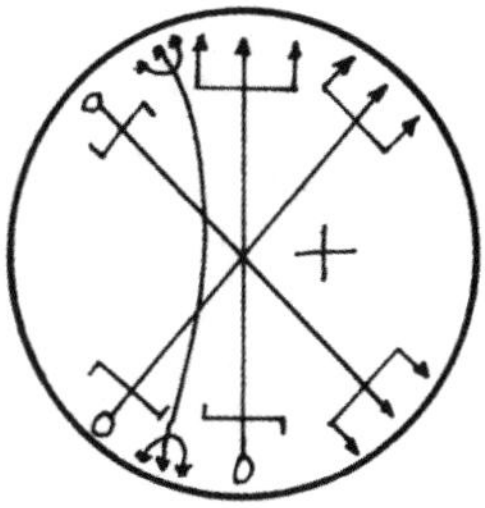

ponto de Exu Pedra Negra

Sála, salá mucarrêro
Sála legbára ê salá
Saravá, Seu Pedra Negra,
Sála munganga ê salá.

Pontos de Exu Poeira

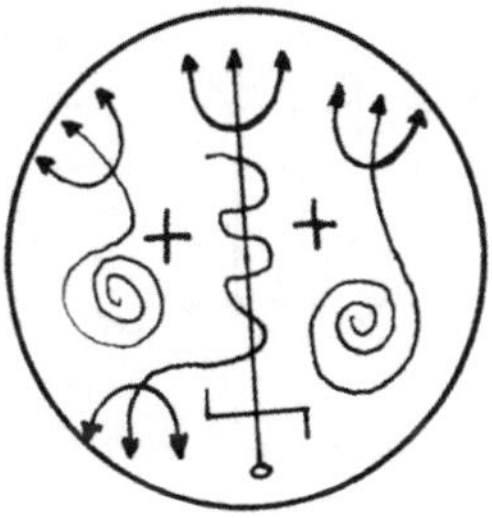

ponto de Exu Poeira

Não pisa na caveira,
Não pisa na caveira,
Quimbanda vai começar.
Não pisa na caveira,
Não pisa na caveira,
Exu Poeira vem trabalhar.

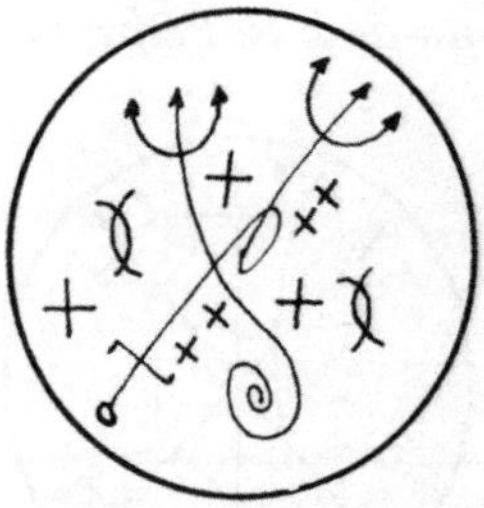

ponto de Exu Poeira

Meu Deus, que ventania,
Meu Deus, que temporal.
Lalalá, lalalê,
Exu Poeira é Maioral. (*bis*)

Pontos de Exu Rei

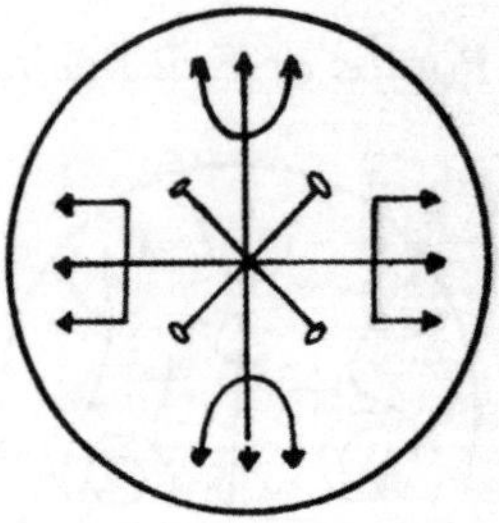

ponto de Exu Rei

A encruza é de Exu,
Afirmo e não errei. (*bis*)
Saravá, povo de quimbanda,
Saravá, nosso Exu Rei. (*bis*)

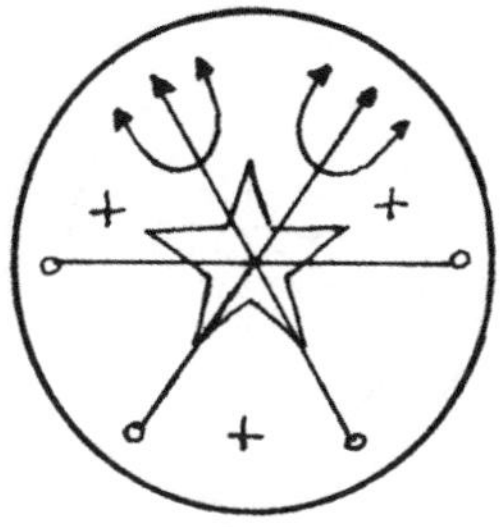

ponto de Exu Rei

Exu tava curiando na encruza,
Quando a banda linda lhe chamou. (*bis*)
Exu no Terreiro é Rei,
Na encruza ele é doutor. (*bis*)

Pontos de Exu dos Rios

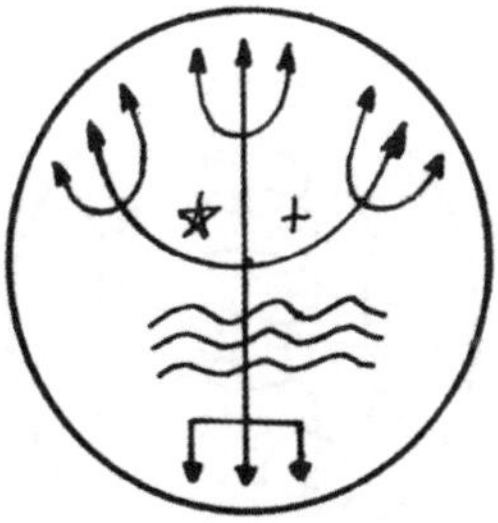

ponto de Exu dos Rios

Meu senhor das Almas,
Exu dos Rios vem aí. (*bis*)
Ele vem acompanhado
Do seu irmão Tiriri. (*bis*)

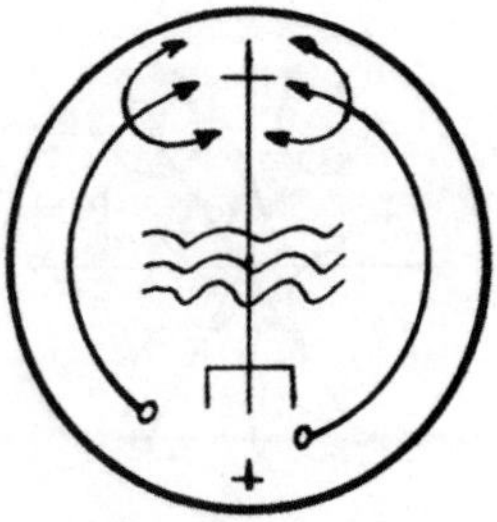

ponto de Exu dos Rios

O rio corre pro mar,
Rua corre para encruza. (*bis*)
Louvado seja Exu dos Rios,
Que demanda não recusa. (*bis*)

Pontos de Exu Toco Preto

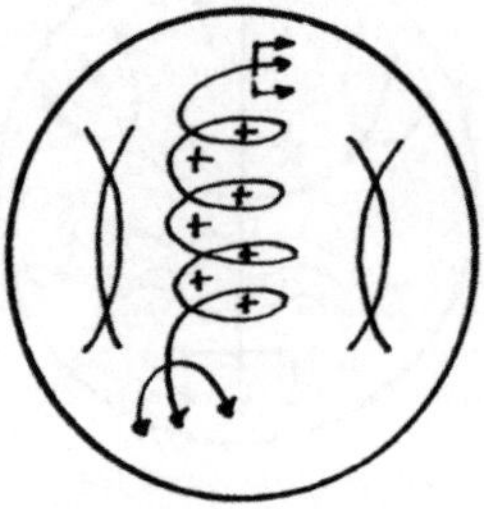

ponto de Exu Toco Preto

Um dia eu tava na porteira em pé,
Um dia eu tava na porteira em pé,
Ali passou seu Toco Preto
E beliscou meu pé. (*bis*)
Ele é Exu Toco Preto,
É Rei na encruzilhada.
Na porteira onde ele mora,
Todo exu dá gargalhada.

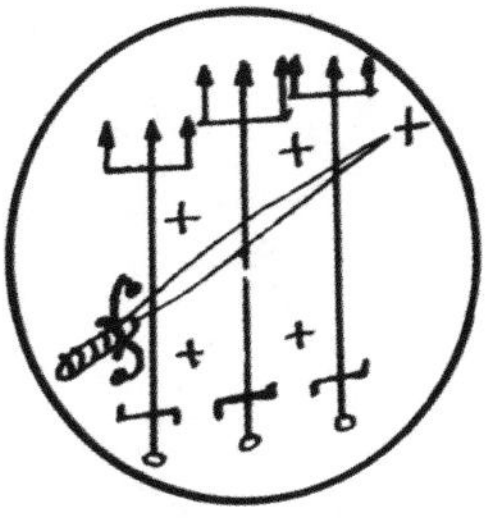

ponto de Exu Toco Preto

Exu Toco Preto, o que é que manda?
Exu Toco Preto, o que é que quer?
Seu charuto e sua cachaça,
E, se possível, uma mulher!

Pontos de Exu Tranca Tudo

ponto de Exu Tranca Tudo

Ele é exu formoso,
Sua capa de veludo. (*bis*)
Ê ê ê, povo de ganga,
Vai chegar Seu Tranca Tudo.

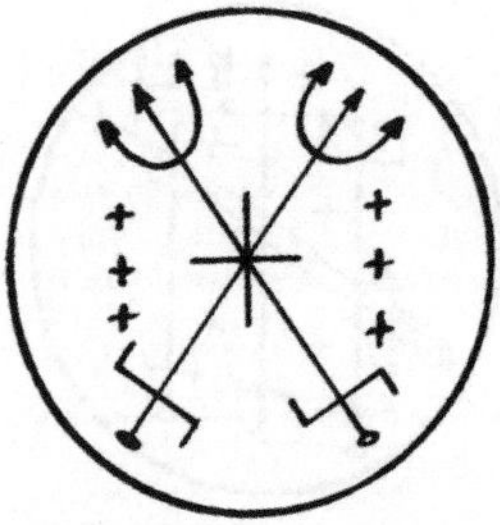

ponto de Exu Tranca Tudo

Trancou, trancou, ele vem trancar.
Trancou, trancou, ele vem pra trabalhar.
Sua quimbanda é muito forte,
Mas seu ponto é miúdo.
Ele sabe sempre o que faz,
Saravá Seu Tranca Tudo. (*bis*)

Pontos de Exu Tronqueira

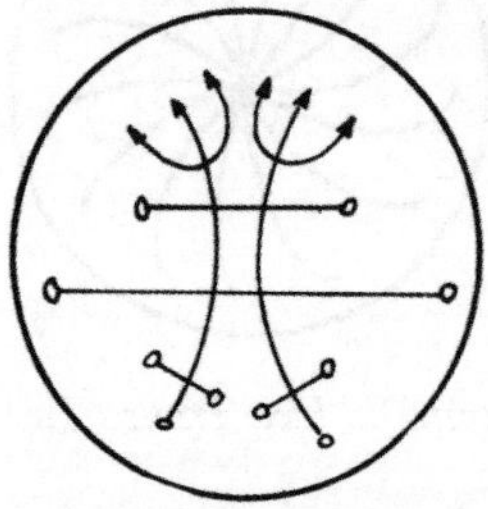

ponto de Exu Tronqueira

Segura, filhos da banda,
Quimbanda vai começar. (*bis*)
Ogã, segura a cantiga,
Pai-de-santo, segura o gongá,
Batedor, segura o atabaque,
Seu Tronqueira vai chegar e saravar. (*bis*)

Exu é, é, é
Exu á, á, á
Exu é o legbará
Seu Tranqueira é quá, quá, quá.

Pontos de Exu dos Ventos

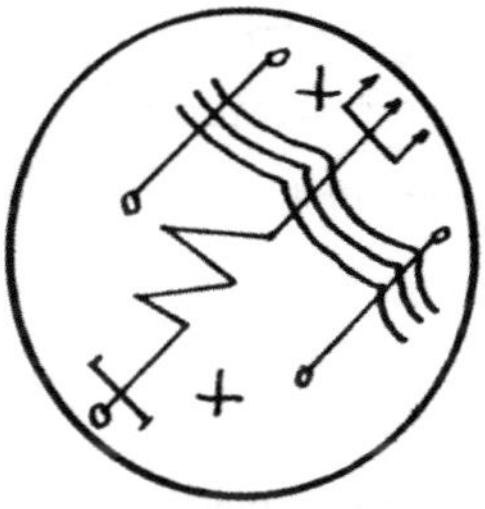

ponto de Exu dos Ventos

Ventania balançou,
Folha caiu na encruza. (*bis*)
Era o Exu dos Ventos,
Com ele ninguém abusa. (*bis*)

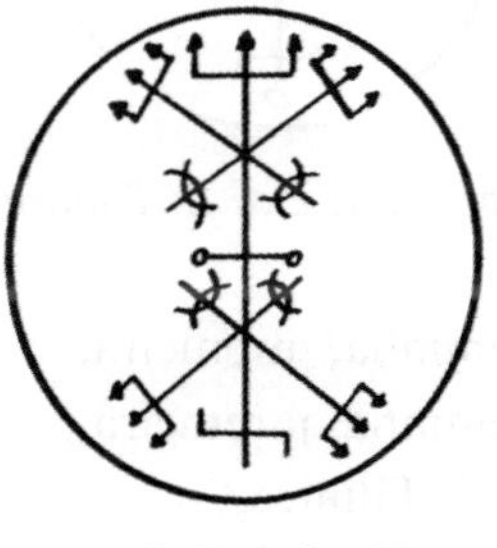

ponto de Exu dos Ventos

Exu é malelê,
Exu dos Ventos, quianga.
Ganga, num ganga, malecô,
Exu dos Ventos é quianga.

Pontos de Exu Zé Pilintra

ponto de Exu Zé Pilintra

Zé Pilintra, no catimbó,
É tratado de doutor. (*bis*)
Quando abre a sua Mesa,
Tem fama de rezador.

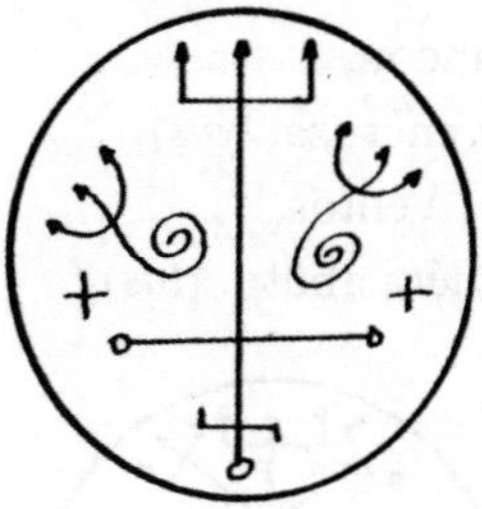

ponto de Exu Zé Pilintra

Jurema, jureminha, juremeira,
Jurema, jureminha, juremeira,
Saravá, Seu Zé Pilintra,
Salve a folha da gameleira. (*bis*)

ponto de Exu Zé Pilintra

Com seu chapéu de palha
E seu lenço no pescoço,
Zé Pilintra está na terra
Pra dizer: — Boa noite, moço.
Morador lá do sertão,
Traz sua figa no pé.
Se não está aborrecido,
Louva Jesus de Nazaré.

POVO DO CEMITÉRIO

OMOLU

No Brasil, dois orixás da família das divindades sudanesas da terra se tornaram um só: Omolu (ou Omulu), o orixá das epidemias, e Obaluaiê, o dono da terra e deus dos mortos. No candomblé, Omolu, sincretizado com São Lázaro (17 de dezembro), é o orixá velho, e Obaluaiê, sincretizado com São Roque (16 de agosto), o jovem. Obaluaiê é representado acompanhado por um cachorro (que ajudou São Roque em sua doença). Já Omolu, por ser velho, costuma usar uma bengala. Obaluaiê vive nas fendas das pedreiras; Omolu vive no Cruzeiro dos cemitérios. Jovem ou velho, suas roupas são feitas de algodão cru, e o orixá usa um filá (capuz com franjas longas) de palha-da-costa. Sua saudação é: *Atotô*! Um dos nomes bantos do inquice correspondente, Cafunge (ou Cafungê), aparece em algumas cantigas de candomblé angola.

A ferramenta de Omolu, no candomblé, é o *xaxará*, um bastão feito com um feixe de palitos de dendezeiro, recoberto com palha e enfeitado com búzios e missangas. Suas cores, no candomblé angola, são amarelo e preto; no candomblé nagô e na umbanda, são preto e branco ou preto, vermelho e branco.

Na umbanda, os aspectos jovem e velho não costumam ser diferenciados, e o orixá geralmente é chamado apenas de Omolu (embora o outro nome possa ser eventualmente usado). Omolu é um poderoso feiticeiro, que pode causar e curar doenças, com poder de vida e morte. Dessa forma, o orixá tem duas funções na umbanda: é o Médico dos Pobres e o Senhor dos Cemitérios.

CANTIGAS DE OMOLU NA UMBANDA

Omolu aiê, atotô,
É um orixá,
Pede que ele dá, atotô,
Ele é orixá.

Meu Pai Oxalá,
Meu Deus, venha me valer! (*bis*)
Meu velho, atotô,
Omolu, Obaluaiê. (*bis*)

Quê, querê, quê quê, ô ganga,
Pisa na macumba de ganga.
Quê, querê, quê quê, ô ganga,
Saravá Seu Omolu, que é ganga.

João Pepé,
Saravá sua fé. (*bis*)

Ele é um velho
Que mora muito longe,
Muito longe,
Na sua casa de palha. (*bis*)
Ele chora mironga,
Ele chora mironga,
Ele chora mironga
No mironguê. (*bis*)

Ele era, mas não era,
Mas não era pintassilgo.
Ele mora na pedra furada,
Mas não era pintassilgo.

Quem vê um velho
No caminho, pede a bênção. (*bis*)
Deus abençoe, Deus abençoe,
Deus abençoe, Obaluaiê, Deus abençoe.

Salve esta roça linda,
Que Deus fez abençoada.
Eu louvei Obaluaiê
Que é o Santo desta morada.

Deus da peste, Deus da lepra,
Meu Deus, seja louvado
Me dê agô, agô de benã
Obaluaiê seja adorado.

Vinha caminhando pela estrada,
Quando um velho encontrei. (*bis*)
Ele me abençoou,
Era Omolu, o velho, atotô! (*bis*)

Oxalá é o Rei do Mundo,
Oxalá é o meu Senhor!
Omolu, dono da peste,
Obaluaiê, atotô!

Um passarinho cantava longe,
E de repente, ele voou!
Era um velho caminhando na estrada,
Era o velho Omolu, atotô!

Saluba, Nanã Buruquê,
Seu filho pede agô!
Louvado seja Obaluaiê,
Velho Omolu, atotô!

Omolu aê atotô, ele é orixá!
Omolu aê atotô, ele é orixá! (*bis*)

Aê, aê seu cafunã!
Aê, aê seu cafunã!
Omolu que vem na gira,
Aê, aê seu cafunã!

Quem é dono do baú,
É o mestre Omolu!
Quem é dono do baú,
É o mestre Omolu!

Lá no cemitério,
Numa catacumba,
Eu vi um anjo,
Que caminhava de corcunda!

Ponto de chamada

Vem chegando um velhinho,
Para lhe abençoar! (*bis*)
Velho Atotô, saravá, Pai Oxalá! (*bis*)

Contra um espírito obsessor e rebelde

Oxalá, meu Pai,
Tem pena de nós, tem dó!
Se a volta do mundo é grande,
Teu poder ainda é maior!

Ponto cruzado com a Linha de Oxóssi

Saravá Oxóssi nesta casa
Oi, saravá, Oquê arô!
Oi, saravá, oh, meu senhor da peste,
Obaluaiê, atotô!
Ajuberu, atotô!
Obaluaiê, atotô! (*bis*)

Para entregar uma oferenda

Se ele corre os quatro cantos,
Quatro cantos sem parar,
Se ele corre os quatro cantos
É pra seus filhos ajudar! (*3 vezes*)

Cantigas de Omolu no candomblé

Catulemboracime cum senzala
Ê ê ê um cafungê
Catulemboracime cum senzala
Ê ê ê um cafungê

Aê aê, um cafumã
Aê aê, um cafumã
Omolu qui belunjá
Aê aê, um cafumã (*bis*)

João Pepé
É lobeuá, mentori tori
João Pepé
É lobeuá, mentori tori

Sambuê,
Ê sambunanguê (*bis*)
Um sambu samuquenda
É Lembá di lê
Maió qui fita é fita
Maió qui samuquenda

Sambuê rerê
Sambu ê popô de monan
Sambuê rerê
Sambu ê popô de monan

Cumbe, cumbe, lassim
Aê aê cafunge
Cumbe cumbe, lassim
Lá se vai meus cavalheiros.

Ingena bam bam,
Ossi é cobô é aloô,
Ingena bam bam,
Ossi é cobô é aloô!

Iê, iê, iê, ingena
Ingena agô, ingena acaló,
Ingena, Omolu aranô bom ingena acaló
Xapanã arauê bom ingena acaló, ingena!

Ai um Belê é monã,
Querê sambuê ô,
Ai um belê é monã,
Querê sambó!

Catura mora congá,
Lambauê, lembauê,
Catura mora congá,
Lembauê a cochê!

Agê lonam ingena,
Que ena chaorô,
Agô lelê!

Olha o velho manhonga, Velho atotô,
É no caindo da Aruanda, Velho atotô,
Olembá, olembê,
Olembá dilê
Olembá, olembê de Oxalufã
Olembá, olembê de Oxaguiã,
Lembá dilê,
Lembá dilê!

Mona quéla sambuê,
E é um belê
Monaquéla sambuê,
Obaluaiê.

Consenzá, consenzá
Lembá Obaluaiê
Consenzá, consenzá
Orixá cafungerê.

Lembá, Lembá,
Cafunge é di monã
Lembá, lembá di lê
Obaluaiê é di monã.

ENTIDADES DO CEMITÉRIO

O Povo do Cemitério, ou Povo de Atotô, apresenta uma hierarquia bem definida. Omolu tem os seus servidores imediatos, e estes, por sua vez, comandam outros espíritos. Destes últimos, alguns trabalham como chefes das Linhas da Quimbanda. Omolu transmite ordens, inicialmente, a dois grandes e poderosos exus, que são Exu Caveira (o chefe dos cemitérios) e Exu Meia-Noite (dono de todos os conhecimentos ocultos).

Exu Caveira, recebendo as ordens de Omolu, transmite-as aos exus Tatá Caveira, Brasa, Pemba, Maré, Carangola, Arranca-Toco, Pagão e Cheiroso. Exu Meia-Noite transmite as ordens de Omolu aos exus Mirim, Pimenta, Malê, das Sete Montanhas, Ganga, Caminaloá, Quirombô e Curador. Cada um desses dezoito exus principais, por sua vez, comanda sete outros; cada um destes comanda outros sete e assim por diante.

As entidades dos cemitérios são divididas em sete Linhas:

- Linha das Almas — formada por sete falanges de espíritos que vivem nos cemitérios, comandados diretamente por Omolu;
- Linha Nagô — formada por sete falanges de espíritos que vivem nas trevas e praticam feitiçaria, sendo comandados pelo Exu Gererê;
- Linha Mista — constituída por sete falanges de espíritos de diferentes origens, que atuam especialmente na área das doenças e que são dirigidos pelo Exu das Campinas;
- Linha dos Cemitérios — inclui sete falanges de espíritos que se apresentam sob a forma de esqueletos, que atuam em doenças mortais e são comandados por Exu Caveira;
- Linha de Mossurumi — formada por sete falanges de espíritos que assumem a forma de negros, enfeitados com penas na cabeça e na cintura, e com argolas nos lábios, nas orelhas e nos braços, que trabalham na área das doenças mentais e são dirigidos por Exu Caminaloá;
- Linha Malei — constituída por sete falanges de exus guerreiros, que agem nas áreas dos vícios e das discórdias, e são governados diretamente por Exu Rei;
- Linha dos Caboclos Quimbandeiros — formada por sete falanges de caboclos que trabalham na área das feitiçarias e são governados pelo Exu Pantera Negra.

É importante observar que todos esses espíritos, por estarem em um nível baixo de evolução, se entregam facilmente ao erro, aceitando presentes para fazer malefícios a pedido de clientes inescrupulosos. Entretanto, quando trabalham sob a orientação de espíritos de luz, podem atuar no sentido inverso, desfazendo males produzidos em suas respectivas áreas de ação.

Veremos a seguir as características dos principais exus subordinados a Omolu.

Exu Arranca Toco

Realiza seus trabalhos nas matas, é especializado no domínio sobre o ouro e pode facilitar a descoberta de tesouros.

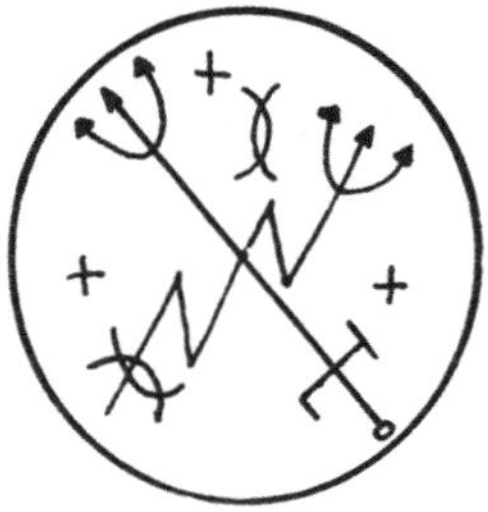

ponto de Exu Arranca Toco

Exu é mojubá,
Ena, ena é mojubá.
Arranca Toco é mojubá
Ena, ena é mojuba, é, é mojubá
Ena, ena é mojubá.

Exu Brasa

É o exu provocador de incêndios, que domina o reino do fogo. Como particularidade interessante, concede, aos que praticam a quimbanda, o dom de andar entre as chamas sem se queimar. Quando incorpora nos Terreiros, é comum que se veja o médium pegar uma brasa viva, sem que em suas mãos fique qualquer sinal de queimadura. Apresenta-se sempre trajando um manto vermelho forrado de preto, e tendo nas mãos seu fogo simbólico: uma brasa viva.

ponto de Exu Brasa

Ai, ai, ai,
Valei-me Sete Diabos. (*bis*)
Valei-me Sete Diabos,
Exu Brasa é um Diabo.

Exu Brasa tem duas cabeças,
Mas ele olha sua banda com fé. (*bis*)
Uma é Satanás no inferno,
A outra é de Jesus Nazaré. (*bis*)

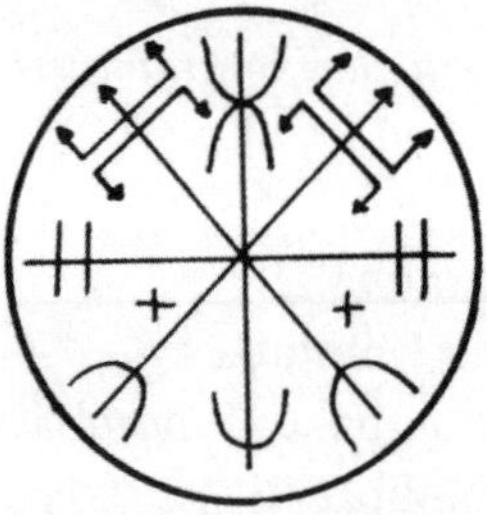

ponto de Exu Brasa

Exu Brasa não é criança,
Que se engana com tostão. (*bis*)
Só se lembram de Seu Brasa
Quando estão em aflição. (*bis*)

Quem voa baixo sempre voa,
Quem muito se eleva quebra a asa,
Cuidado com sua mandinga, sinhô,
Eu conto com Exu Brasa.

Exu Caminaloá

Este exu trabalha ao lado de Exu Mangueira e é um dos seis mais poderosos espíritos do Povo de Exu. Como já vimos, Exu Caminaloá é o chefe da Linha de Mussurumi da quimbanda.

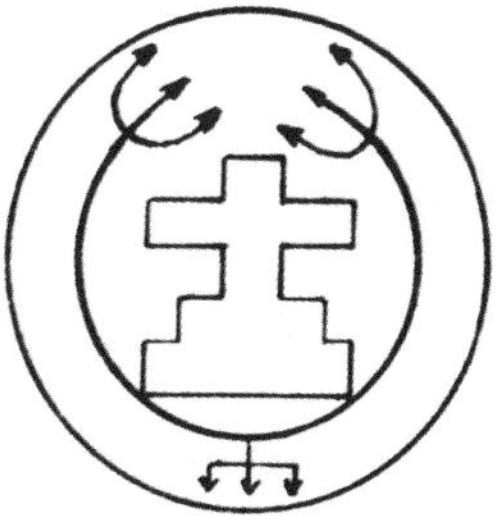

ponto de Exu Caminaloá

Exu foi batizado
E recebeu a sua cruz.
Na falange de Dom Miguel
Caminaloá nos defende, nos conduz.

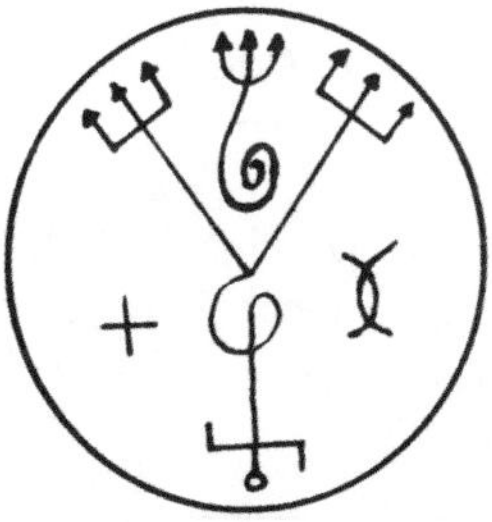

ponto de Exu Caminaloá

Exu formoso, assim, eu nunca vi. (*bis*)
Caminaloá é cheio de luz
na Linha de Mussurumi. (*bis*)

Exu Carangola

É o exu especializado em fazer com que as pessoas fiquem perturbadas e dêem gargalhadas histéricas, dançando sem ter vontade. Comanda o ritmo cabalístico da dança. Apresenta-se com enfeites característicos dos dançarinos.

Exu Caveira

Exu Caveira tem, em especial, o poder de ajudar a toda e qualquer espécie de especulação, ensinando-nos todas as artimanhas da guerra e do modo de vencermos os nossos inimigos. É encarregado de vigiar os cemitérios e os lugares onde houver pessoas enterradas. Sua força incute medo aos que o invocam. A ele pode-se dar o título de lugar-tenente de Omolu e, sem a sua participação, nenhum trabalho ou despacho feito no cemitério dará resultado. Até mesmo para se entregar, seja o que for, a Omolu, no Cruzeiro de um cemitério, é indispensável que, antes, se "salve" Exu Caveira, oferecendo-lhe uma vela acesa na sepultura que estiver mais próxima ao Cruzeiro, à esquerda.

Apresenta-se, em geral, com a forma de uma caveira, daí o seu nome. Não tem hora certa para se apresentar, podendo fazê-lo quando menos se esperar, seja dia ou noite. Na maioria das vezes, no entanto, apresenta-se depois da Hora Grande (meia-noite).

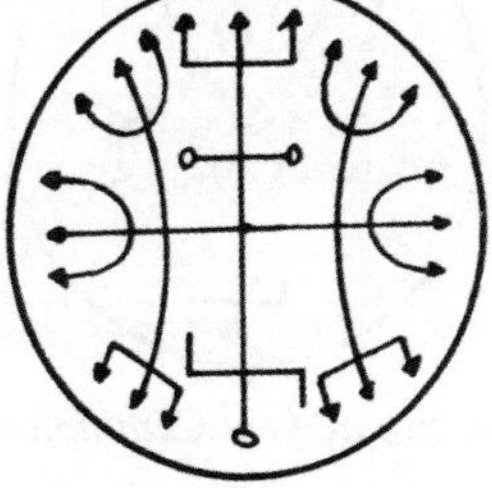

ponto de Exu Caveira

Eu vi Mestre Carlos
No Reino de Caindé,
Ai minha quimbanda,
Conversando com Bimbá,
O Rei da Guiné. (*bis*)

Portão de ferro,
Cadeado de madeira, (*bis*)
Na porta do cemitério
Onde mora Exu Caveira. (*bis*)

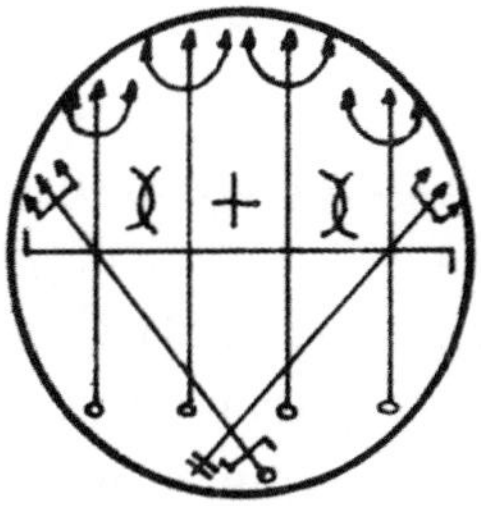

ponto de Exu Caveira

A porta do inferno estremeceu,
Veio todo mundo para ver quem é.
Ouviu-se gargalhada na encruza,
Era Seu Caveira com a mulher de Lúcifer.

Firma a curimba, Caveira,
Sua banda tem mironga e mistério,
Seu trabalho é pro bem e mal,
Sua morada é dentro do cemitério. (*bis*)

ponto de Exu Caveira

Toma lá, traz cá,
Ô Caveira
Toma lá, traz cá,
Ô Caveirá.

Exu Cheiroso

Apresenta-se, em geral, com a forma de uma criatura humana, coberta por tênue camada fluídica, e impregna o ar de acentuado cheiro que, sendo agradável, indica que sua atuação é para o bem e, sendo desagradável, para o mal. Gosta muito de beber essências extraídas de plantas aromáticas e não aceita, em hipótese alguma, o marafo (cachaça) como curiador (bebida ritual). Os trabalhos desse Exu são sempre feitos nos lugares em que haja flores campestres, ou mesmo em jardins.

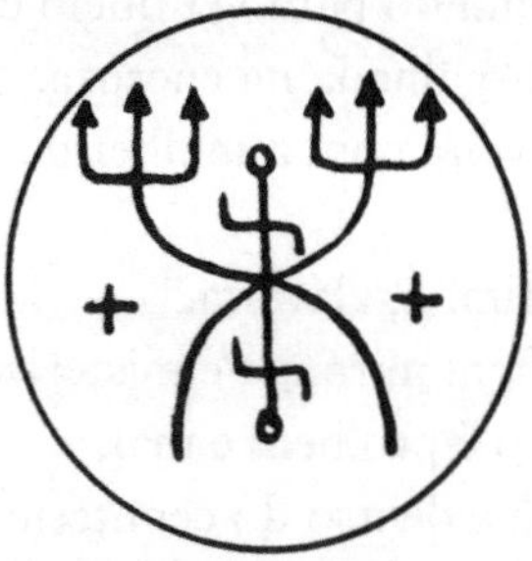

ponto de Exu Cheiroso

Canta o galo no terreiro
O meu chefe é maiorá
Frô do mato não tem cheiro,
Quando Exu vem trabaiá
Eu me chamo Exu do Cheiro
Giro o tôco no girá,
Minha chefe no terreiro
É Exu-Rei, o Maiorá (*três vezes*).

A encruza estremeceu,
Uma gargalhada soou no terreiro. (*bis*)
Salve Exu, que é batizado
Salve Exu, que traz seu cheiro
Ele é Exu do Cheiro
Ele é Exu do Cheiro. (*bis*)

Exu Curador

Apresenta-se na forma de uma criatura humana comum e, algumas vezes, faz-se passar por Preto-velho. Esse Exu conhece e executa, magistralmente, a verdadeira medicina e, por outro lado, nos dá o seguro e perfeito conhecimento de todos os males e doenças que afetam a humanidade, ensinando-nos, além disso, a conhecer as plantas que servem para as curas, bem como as que servem para matar.

É importante observar-se que, chamando-se um outro qualquer Exu que não seja o Exu Curador para trabalhos de cura de males ou doenças graves, esse outro Exu, por não ter o conhecimento que tem o Exu Curador, pode indicar e mesmo empregar plantas que, em vez de proporcionar a cura, venham a causar a morte.

ponto de Exu Curador

Em terreiro de umbanda,
Exu vem saravá. (*bis*)
Se Preto-Velho é dotô,
Eu é Exu Curadô. (*bis*)

Boa noite, meu senhor,
Exu no reino chegou. (*bis*)
Vamos louvar nossa Quimbanda
Viva Exu que é Curador. (*bis*)

Exu Ganga

Este exerce domínio sobre os despachos que se fazem nos cemitérios, tanto nos casos em que o trabalho é feito para matar como nos casos em que é para salvar alguém da morte. Apresenta-se vestido de preto e cinza, deixando no ar forte cheiro de carne em decomposição.

Exu Malê

Este Exu tem o poder das artes mágicas e das bruxarias que se realizam nos candomblés. Apresenta-se com a forma de um Preto-velho. É, no entanto, facilmente reconhecível pelo cheiro acentuado de enxofre que exala de seu corpo fluídico.

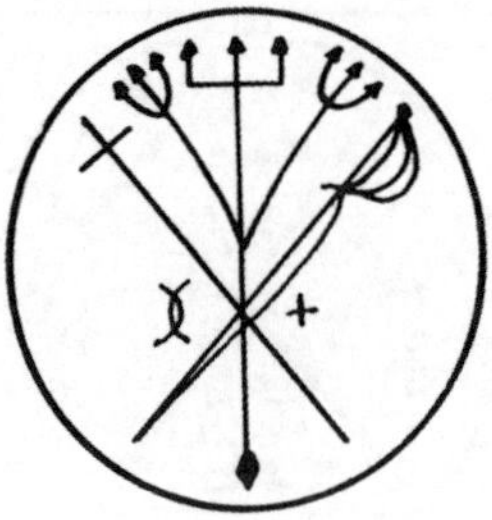

ponto de Exu Malê

Exu é malelê, é laroiê (*bis*)
Povo da encruza é malelê
É Exu Malê (*bis*)

ponto de Exu Malê

Ai, ai, ai, Satanás já deu um berro
Ai, ai, ai, Satanás já deu um berro
Saravá Exu Malê, é ganga,
Saravá seu obé de ferro. (*bis*)

Exu Meia-noite

O Exu Meia-noite é um dos mais invocados, pois é o encarregado de escrever toda sorte de caracteres e tratar, especialmente, das forças ocultas. À meia-noite (Hora Grande), o Exu Meia-noite faz a ronda do mundo físico, sendo por isso que, na umbanda, deixam-se passar, pelo menos, uns cinco minutos da meia-noite para se sair à rua ou para se deixar um Terreiro. Já na quimbanda, é exatamente à meia-noite que se fazem os despachos destinados a esse exu.

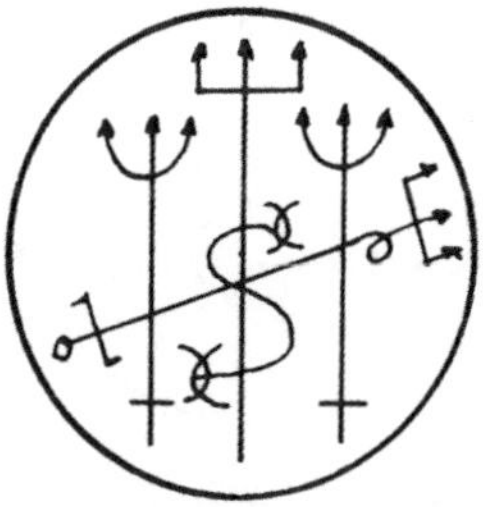

ponto de Exu Meia-noite

Seu Meia-Noite, sereno cai,
Cai, cai, sereno cai.
Seu Meia-Noite, sereno cai,
Cai, cai, sereno cai.

Seu Meia-Noite, no ponto de mina,
Laroiê, galo já cantou. (*bis*)
Laroiê, galo já cantou,
Laroiê, galo já cantou. (*bis*)

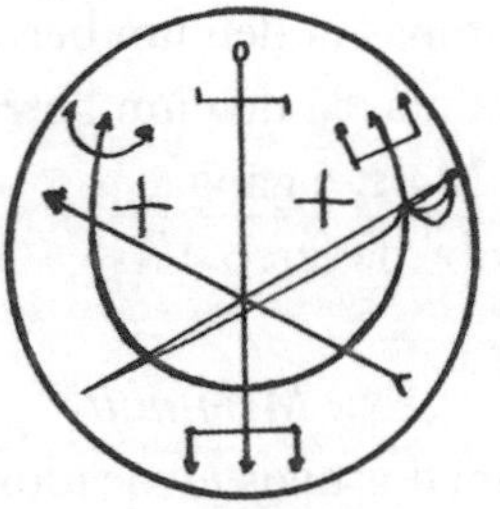

ponto de Exu Meia-noite

Exu da Meia-noite,
Exu da madrugada, (*bis*)
Salve o povo da quimbanda,
Sem Exu não se faz nada.

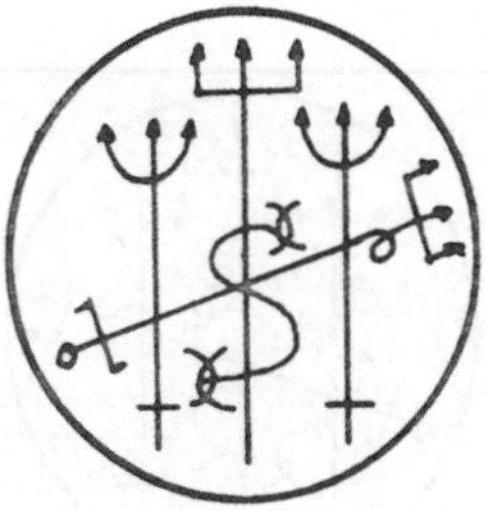

ponto de Exu Meia-noite

Seu Meia-noite na encruza,
Galo canta, gato mia. (*bis*)
Quem trabalha com exu
Não tem hora, não tem dia,
Busca sempre a melhoria. (*bis*)

Exu Pagão

É o exu especializado na separação de todos os tipos de associações. Sua atuação é mais forte nos casos em que existe alguma dúvida a respeito da correção do comportamento de uma das partes. Ele age estimulando sentimentos de ressentimento e ciúme entre as pessoas.

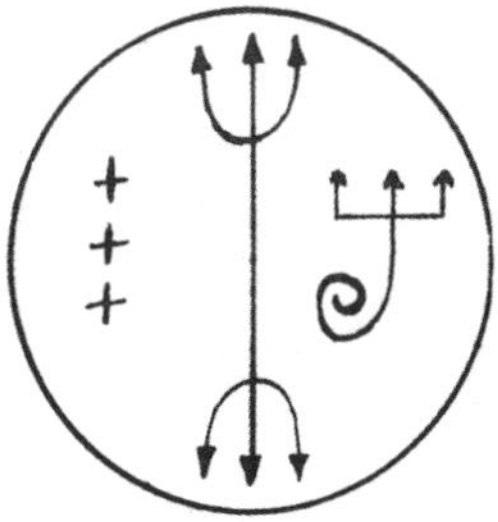

ponto de Exu Pagão

Ele não foi batizado,
Não buscou a salvação. (*bis*)
Mas é ele quem vence demanda,
Saravá Exu Pagão. (*bis*)

ponto de Exu Pagão

Exu Pagão vagou pela encruza,
Vagou, vagou, até que chegou.
Ele vem girar, ele vem girar, ele vem girar, Exu,
Vem pra trabalhar. (*bis*)

Exu Pemba

É o exu especializado na propagação de moléstias venéreas e, também, em favorecer todas as espécies de amores clandestinos e paixões repentinas. Apresenta-se como um verdadeiro mago e usa pemba em seus trabalhos.

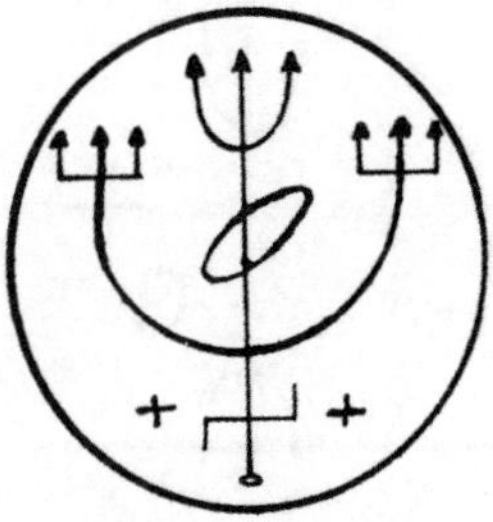

ponto de Exu Pemba

Exu Pemba é homem forte,
Promete pra não faltar. (*bis*)
Quando corre pela encruza,
Nossa demanda vem buscar. (*bis*)
Ele é Exu da promissão,
Ele sempre cumpre sua missão. (*bis*)

Exu Pimenta

É o Exu especializado na elaboração da química e de todos os filtros de amor. Dá o verdadeiro segredo do pó que transforma metais. É logo reconhecido, quando incorporado, pelo forte cheiro de pimenta que exala, cheiro esse que vem do corpo fluídico que tem, e não do corpo do médium.

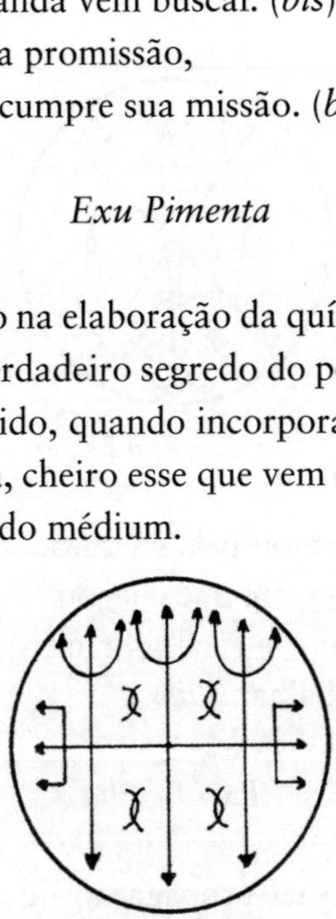

ponto de Exu Pimenta

Exu é malêle,
Exu Pimenta qui ganga
Ganga num ganga maleçô
Exu Pimenta qui ganga.

Exu Quirombô

Este exu tem atuação idêntica à do Exu Mirim. No entanto, é especializado em prejudicar mocinhas, mormente donzelas, desviando-as para o mau caminho. Apresenta-se também como criança, isto é, com roupagem infantil.

ponto de Exu Quirombô

O sino da capela fez belém, blém, blom. (*bis*)
Deu meia-noite e o galo já cantou,
Seu Quirombô, que é dono da gira,
Segura a banda que Ogum mandou. (*bis*)

Exu Quirombô,
Vem do lado de lá. (*bis*)
Exu Quirombô é meu protetor,
Vem do lado de lá.

Quem matou, quem matou,
Quem matou a caninana? (*bis*)
Foi Exu Quirombô,
Que ganhou sua demanda. (*bis*)

Exu Sete Montanhas

É o Exu que tem o domínio sobre as águas dos rios e das cachoeiras que saem das montanhas. Sua roupagem é da cor do lodo e deixa no ar, quando incorporado, um forte cheiro de podre, emanado do seu corpo fluídico.

Exu Tatá Caveira

É o Exu provocador do sono da morte e manipulador das drogas entorpecentes, dos narcóticos etc. Apresenta-se comumente, com a forma de uma caveira vestida de preto.

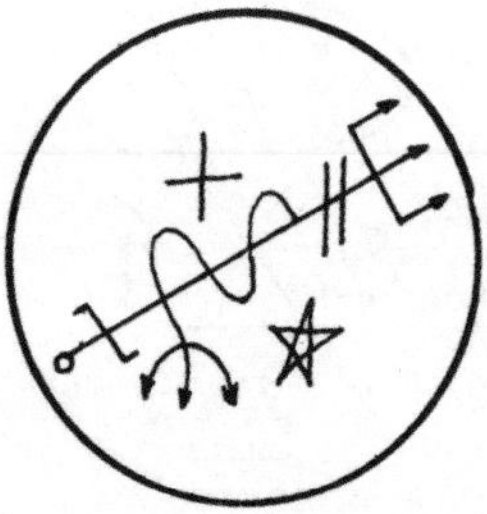

ponto de Exu Tatá Caveira

Exu pisa no toco, Exu pisa no galho,
Galho balança Exu não cai, ô ganga,
Ê Exu, Exu pisa no toco de um galho só
Ê Exu, Exu pisa no toco de um galho só
Marimbondo pequenino, bota fogo no paiol, ô ganga,
Ê Exu, Tatá Caveira no toco de um galho só. (*bis*)

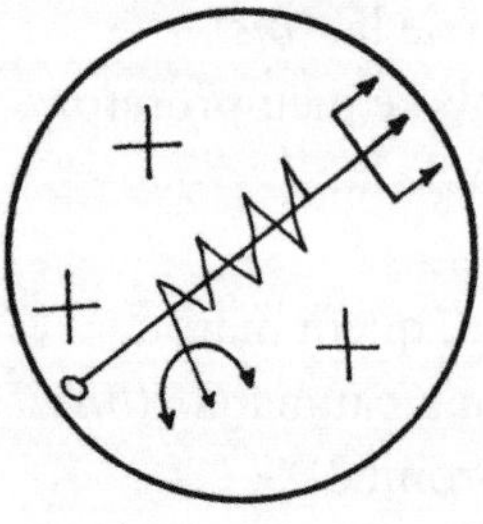

ponto de Exu Tatá Caveira

Um pombo preto voou da mata
Voou e pousou lá na pedreira. (*bis*)
Onde os Exus se reúnem,
Mas o reino é de Tatá Caveira. (*bis*)

Exu Calunga

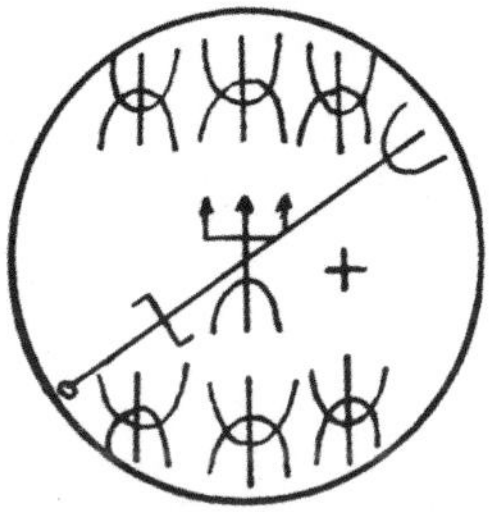

ponto de Exu Calunga

Rodeia, rodeia,
Rodeia, meu Santo Antônio, rodeia (*bis*)
Meu Santo Antônio pequenino,
Amansador de burro brabo,
Quem mexe com Seu Calunga
Tá mexendo com o Diabo.
Rodeia, Exu (refrão).

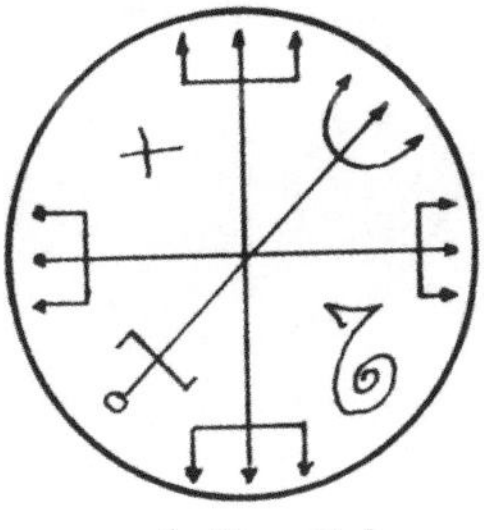

ponto de Exu Calunga

Exu é caninana,
Quem te matou, caninana. (*bis*)
Foi Exu Calunga, caninana.

É meu protetor, caninana.
Ele é quem me livra, caninana.
De todo o horror.

Exu do Cemitério

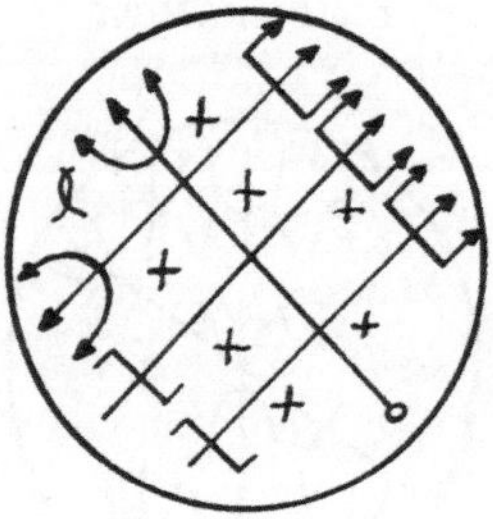

ponto de Exu do Cemitério

Firma a curimba, Exu,
Sua banda tem mironga e mistério
Seu trabalho é pro bem e mal
Sua morada é dentro do cemitério. (*bis*)

Exu Sete Catacumbas

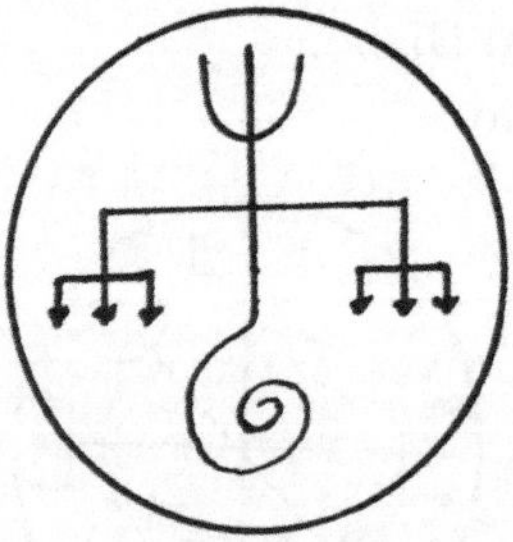

ponto de Exu Sete Catacumbas

No corredor do Inferno
Eu vi Sete Catacumbas.
Girava num pé só
Pulando pelas macumbas.

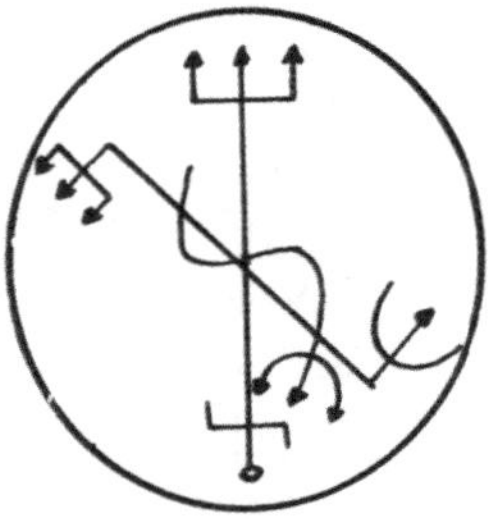

ponto de Exu Sete Catacumbas

Na sétima cova do cemitério
Sete Catacumbas gemeu
Saravou sua encruza
E levou o mal que é meu. (*bis*)

Exu Sete Covas

ponto de Exu Sete Covas

Eu não tenho patrão,
Calunga foi quem me criou,
Meu nome é Sete Covas,
Minha quimbanda eu já louvou.

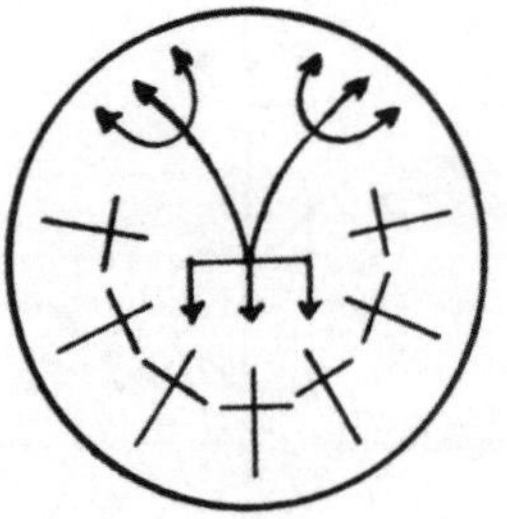

ponto de Exu Sete Covas

Ele é Exu Pagão,
Não tem quem obedecer. (*bis*)
Pra ele só interessa
Qualquer demanda vencer.
Se o Exu é bom, ele vence demanda,
Seu Sete Covas é Rei na Quimbanda. (*bis*)

Pomba-gira da Calunga

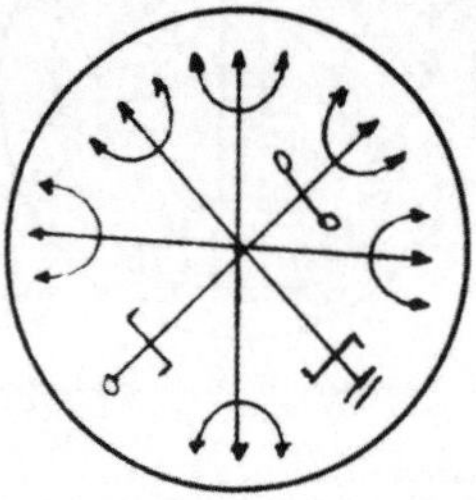

ponto de Pomba-gira da Calunga

Pomba-gira da Calunga
Não é mulher de ninguém. (*bis*)
Quando entra na demanda,
Só sai por sete vinténs. (*bis*)

ponto de Pomba-gira da Calunga

Dentro da calunga eu vi
Uma linda mulher gargalhar, (*bis*)
Era Pomba-gira da Calunga
Que começava a trabalhar. (*bis*)

Pomba-gira das Almas

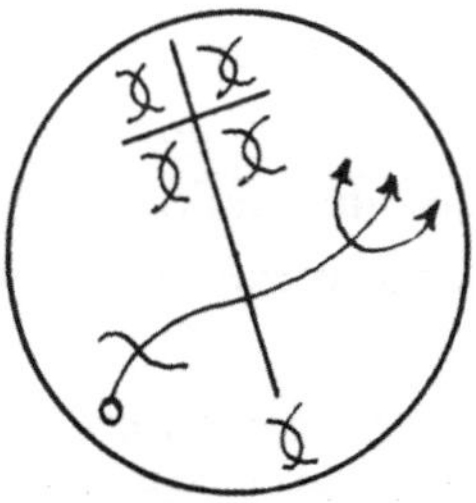

ponto de Pomba-gira das Almas

Tála taláia, de Pomba-gira
Pomba Girê para que eu não cai.
Tála talaiá de Pomba-gira
Pomba Girê para que eu não cai. (*bis*)

Pomba-gira das Almas, vem tomá chô chô
Pomba-gira das Almas, vem tomá chô chô
Vencedora de demandas, vem tomá chô chô
Vencedora de demandas, vem tomá chô chô

Minha senhora das Almas
Atira e não erra mira. (*bis*)
Ela é minha protetora,
Saravá, Sá Pomba-gira. (*bis*)

Pomba-gira do Cruzeiro

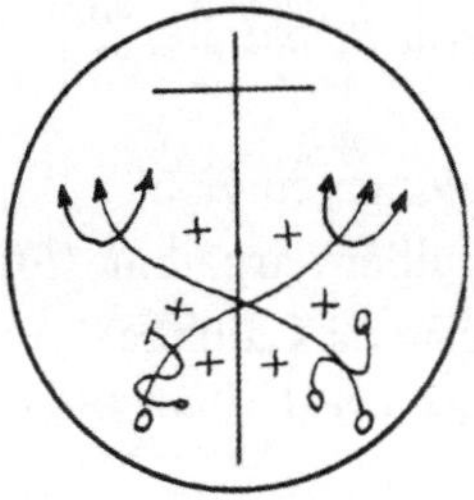

ponto de Pomba-gira do Cruzeiro

Lá no Cruzeiro da calunga
Eu vi uma farofa amarela. (*bis*)
Quem não acredita em Pomba-gira do Cruzeiro,
É muito bom não mexer nela. (*bis*)

Pomba-gira Rainha do Cruzeiro

O seu manto é de veludo,
Rebordado todo em ouro,
O seu garfo é de prata,
Muito grande é seu tesouro.

PALAVRAS FINAIS

QUE ESTE LIVRO SEJA CAPAZ DE ENRIQUECER A SUA VIDA.
Que ele seja um guia em sua devoção.
Que ele mostre ao seu coração o caminho do bem e da luz.
Na lei da umbanda,
Salve os filhos-de-fé,
Salve nossos guias,
Salve as Almas,
Salve a umbanda!

Este livro foi impresso em fevereiro
de 2023 na Gráfica Assahí, em São Paulo.
A fonte usada no miolo foi a Sabon, corpo 10,5/14.
O papel de miolo é o offset 75g/m² e o de capa
é o cartão 250 g/m².